教子博弈论

大使宝贝养成记

重万利／著

中华工商联合出版社

图书在版编目（CIP）数据

教子博弈论 / 董万利著. -- 北京：中华工商联合
出版社，2015.11（2023.6重印）

ISBN 978-7-5158-1471-1

Ⅰ.①教… Ⅱ.①董… Ⅲ.①儿童教育－家庭教育
Ⅳ.①G78

中国版本图书馆CIP数据核字（2015）第244401号

教子博弈论

作　　者：	董万利
责任编辑：	胡小英　邵桃炜
封面设计：	周　源
责任审读：	魏鸿鸣
责任印制：	迈致红
出版发行：	中华工商联合出版社有限责任公司
印　　刷：	三河市燕春印务有限公司
版　　次：	2015年11月第1版
印　　次：	2023年6月第3次印刷
开　　本：	710mm×1020mm　1/16
字　　数：	220千字
印　　张：	15.25
书　　号：	ISBN 978-7-5158-1471-1
定　　价：	35.00元

服务热线：010-58301130
销售热线：010-58302813
地址邮编：北京市西城区西环广场A座
　　　　　19-20层，100044
http://www.chgslcbs.cn
E-mail: cicap1202@sina.com（营销中心）
E-mail: gslzbs@sina.com（总编室）

工商联版图书
凡本社图书出现印装质量问
题，请与印务部联系。
联系电话：010-58302915

前　言
PREFACE

　　如今，年轻的父母们越来越重视孩子的教育，他们使出浑身解数，以期培养出一个出类拔萃的人。

　　可是，在陪伴孩子成长的过程中，越来越多的父母发现，很多时候孩子就像"敌人"一般，喜欢处处和自己作对，越来越不听话。父母想让他往左，他却偏偏向右；父母想让他往东，他却偏偏向西。于是，一场场博弈开始了，一场场"战斗"开始了。这时候，父母们开始惶恐，开始怀疑：做家长必须这么吃力吗？难道我的孩子就没办法教育好了吗？

　　家长的心情是可以理解的，问题的答案当然也是否定的。因为叛逆、不听话是孩子个性发展的必然。作为父母，需要做的就是如何巧妙而合理地引导孩子，让他回到正确的轨道上来。

　　实际上，从孩子呱呱坠地到一天天成长，再到离开父母的怀抱，独自踏上人生的旅途，每一步都渗透了父母的爱和付出。只是有些父母给予爱的方式不正确、不科学，导致家庭教育成了一场艰辛的战争。

　　其实，孩子的心就好比牧童手里的笛子，只需简单吹奏，便能响起快乐的乐音，就如同天空中淡淡的云朵，只需微风吹拂，便能够愉悦地荡漾

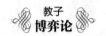
开去……

这也是本书中我们要传达的思想，它不是什么特别的教育理念，而是一种信念——只要用些心思，花些时间，轻轻地翻开孩子心灵成长中的一张张卡片，那么不论是谁，不论什么背景、学历，不管你的孩子多么"不听话"，都可以培养出一个优秀、非凡的孩子。

对孩子来讲，父母的爱就是他们生活和成长的源泉。如果父母不关注孩子的成长，不给他们良好的教育，那么等到孩子的心理出现问题的时候，即使访遍天下名医，也可能医不好孩子的"病"了！相反，如果父母能从日常生活中给予孩子理想的教育，仔细呵护他们敏感的心灵，采取科学合理的手段及时化解孩子成长过程中遇到的各种各样的"问题"，那就一定能做到防患于未然，培养出优秀的、心智健康的孩子！

孩子是一个特殊的群体，他们有自己的生活轨迹，有自己的行为模式，有自己的心理世界。孩子的内心世界是丰富而复杂的，作为父母，我们不应该仅仅看到孩子的表面，更应该了解孩子的内心，做"有心"的父母。父母应该学会从朋友、从导师、从心理医生的角度，关注孩子的成长变化，培养孩子良好的行为习惯、性格品质、学习技巧、心理素质等，这样才能在这场"博弈"中彼此双赢，孩子开心，父母也舒心。

目 录
CONTENTS

第一章

当家长的权威
遇到孩子的叛逆

父母向左，孩子向右

你喜欢站着命令，他希望你蹲下来商量

"听话"就是好孩子吗

孩子的特点，父母不应看作缺点

孩子"翘尾巴"，适当"摁一摁"

适当惩罚，让孩子学会自律

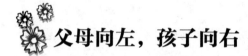 父母向左，孩子向右

成年人与成年人相处，往往会因为认识不同、观念差异等而产生矛盾，而和孩子相处呢，父母们同样会遇到你向左、他偏向右的情况，特别是随着年龄的增长，孩子的自主意识会越来越强，这种情况更加难以避免。这时候，如果双方没有有效控制自己，那么别扭、争吵就不可避免。

学习、休息、玩耍、吃饭等有时都会演变成"冷战"，严重的还会导致"家庭暴力"和"离家出走"……孩子们对此满心委屈，觉得家不是家，而是一个牢笼。

所以，我们常常会听到孩子的抱怨："我爸给我的压力太大了，总是对我大喊大叫。"

"我觉得我妈就是河东狮，太霸道了，你要敢反驳她，她就说'我是你妈，你就得听我的。'这话是讲理嘛？"

"我爸妈每天都让我学这学那，不停地催促我，好像除了学习根本就不关心我。"

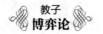
孩子们满腹牢骚，而父母们对孩子的表现满腹伤心，觉得孩子不是孩子，是忘恩负义的"白眼狼"。

在此，我想问一下父母们，你可否知道，自己的一句话或一种行为都有可能给孩子带来重大的影响。所以，希望父母们在处理与孩子意见相左的问题上一定要慎重，保持头脑清醒和理智。

上小学三年级的君君一直是爸爸妈妈眼里的乖巧宝宝，可是从今年开始，他们明显觉得这个孩子有点"难对付"了。

原来，以前君君什么事情都会听从爸爸妈妈的安排，而现在却总爱和他们唱反调。比如，以前只要妈妈上街，君君总会像个小尾巴跟在后面，有几次不让他去，他还很不乐意地撅起小嘴巴。可现在即使叫他，他也会不耐烦地拒绝。君君以前还会很开心帮爸爸跑前跑后地干这干那，忙得不亦乐乎，如今他宁可坐着发呆，也不愿意动一下。

有一次，马上要吃饭了，正在厨房忙碌的爸爸让君君把餐桌擦一下。可他却只顾看电视，装作没听见。爸爸又叫了他一声，他依然如故。爸爸不耐烦了，就说这孩子现在怎么越来越懒了，在学校里的思想品德课也不知道是怎么上的，都不知道体贴一下父母。

君君的父母不知道原因何在，只好通过日常生活中的悉心观察和反思自己的教育方式来寻找答案。

终于有一天，妈妈听君君说了这样一句话，才似有所悟。君君对妈妈说："您和我爸能不能别再唠叨，我现在不是小孩子了，不要让我什么事都听你们的。你在外面还经常跟别人说我笨，既然你这样说我，那我还帮你做事情干嘛？还有，每次帮我爸干完活，他总埋怨我做得不够好。总是这样的话，我当然不愿意听你们的话了。"说到这里，君君委屈得都要哭了。

听君君这么一说，妈妈猛然间明白了。

其实，生活中像君君父母这样的家长不在少数，他们试图用埋怨来刺激孩子奋进，可是他们忽略了一句话："良言一句三冬暖，恶语伤人六月寒。"孩子们的幼小心灵，更易受到言语的感染。一句温暖鼓励的话语会让他们信心倍增，甚至做出令人惊异的事情来；而诸如"你怎么那么笨呢""你怎么就不像××一样呢""你有没有记性啊"之类的话，很容易让孩子对自己产生怀疑，觉得自己真的事事都做不好，处处都不如别人。君君的父母就是之前对他说了过多抱怨的话，甚至还当着熟人的面数落他的不是，天长日久，他怎能不反感、不生出叛逆情绪呢？

事实上，父母若是以家长的权威来说服孩子听从自己的意见，对孩子的成长并不是最有帮助的，相反只会给孩子带来负面影响，成为孩子成长路上的"绊脚石"。因为你的"权威"只会打消孩子做事的积极性，让孩子变得畏首畏尾、止步不前，潜能得不到充分地挖掘，自信心也会渐渐地被消磨殆尽。如此一来，孩子怎能在成长的路途上顺利前行呢？

请记住，不管什么时候，发生什么事，试图和孩子争辩都不是好的解决方法。我们应该尊重孩子，同时也尊重他们的想法，在交流中给他们表达和选择的权力。这样才算是站在孩子的角度，孩子也自然愿意和我们平静地沟通，问题也就更容易解决了。

❦ 好父母教子妙策 ❦

1. 认识到孩子是一个人，一个独立的人

作为父母，对待孩子首先要抱着尊重的态度，把他看作一个"人"，

一个独立的人。我们只有尊重他的人格，尊重他的意见，尊重他的爱好，尊重他的隐私，尊重他的选择，才能为避免与孩子之间的争吵和分歧架起一座桥梁。

2. 严格对待，但不是严厉对待

很多父母常常把严格和严厉混淆，其实二者大为不同。在对孩子的要求方面，严格是很有必要的。如果不严格，放任自流，是对孩子不负责任，而严厉则是方法问题。当孩子犯错误的时候，父母切忌用家长制的那一套任意训斥、打骂和惩罚，而应坚持分清是非、宽容待之的态度。

3. 不在气头上说些"赌气"的话

我们常说"生气无好话"，父母们很有必要注意这一点。因为你在气头上的情绪难免不理智，说出来之后既伤了孩子的心，还给了孩子任性的理由。这样的做法后果很不好，因为父母没有做好充分的考虑，在情绪激动的时候无法客观地考虑问题，容易说过激的话。

4. 父母要多和孩子沟通

很多时候，之所以发生亲子之间的冲突，往往是由于缺乏沟通导致的。缺乏沟通的原因在哪里呢？从根本上说，是家长放不下架子，对孩子的思想、观点、行为不关注，而是根据自己的想法来左右孩子。假如你也有这样的想法，不妨扪心自问，自己与孩子之间的沟通如何？如果缺少沟通或沟通不够，那么请选择一个适当的时机，营造一个良好的沟通氛围，设计一套沟通方案，放下做家长的架子，和孩子进行一番平等的朋友式的沟通吧！

你喜欢站着命令，他希望你蹲下来商量

很多父母在和孩子相处的过程中，常常以命令的口吻要孩子做这做那。可父母们想过没有，即使再小的孩子也是有着强烈自尊心的。如果父母常用命令的口气跟他说话，他就会反感、叛逆，越发不听你的话，即使当时嘴上听了，他的心里也会不服气，甚至对你产生仇恨。

不得不说，对孩子进行"命令"教育的家长在认识上有偏颇之处。他们误以为要对孩子进行教育，就必须要板起脸孔，处处严格要求，让他事事听从自己的安排。殊不知，这样做的结果只能是适得其反，让孩子变得逆反或唯命是从。

某中学的校内局域网论坛上，有一个栏目是关于孩子的心里话的。其中有个孩子这样写道："我一点也不喜欢我妈说话的方式，因为她一点都不尊重我，老用命令的口气让我做这做那。每天一到家，我耳边缭绕的都是妈妈的命令口吻：'你怎么还没倒垃圾呢？现在马上就去！快！''去，帮妈妈把碗刷了，你反正没事干。''我都说了多少遍了，炒菜利索点！''还不赶快去学习，还看什么电视！'……"

另一个署名为程程的男孩写道："我不知道我爸为什么那么'专制'。我一点都不喜欢跟他说话，每次听到他说话，我脑袋里总是乱七八糟的。他每天不是教训我要好好写作业，就是限制我做这做那。当我稍有疏忽，他就对我横加训斥，比如我去厕所忘了关灯，他就会指责我说：

'年纪不大，忘性不小，你得了健忘症啊！告诉你多少遍了，去完厕所要关灯！'有时候我和同学打电话聊天，没几分钟他就大声嚷道：'赶紧把电话挂掉！有什么事不能见面说。'弄得我好没面子，同学们都听到他训斥我的声音了。"

作为父母，我们在与人相处的过程中都喜欢温和、平等的口吻，即使和领导相处，我们也不希望对方以一种强制、命令的语气和自己说话。我们的孩子也是一样的。没有哪个孩子能忍受父母对自己经常性的颐指气使，命令自己去做这做那。

要知道，命令是一种单方面的交流，是只顾及自己，而不考虑别人。相反，如果父母们能用一种建议和商量的语气跟孩子说话，那么就会获得不一样的效果。

今年已经7岁的娜娜有时比较狭隘、自私，她的妈妈发现女儿有这个问题后，一直在积极地帮助女儿改变。

一个周末，妈妈准备带娜娜去她最喜欢的动物园玩。娜娜美滋滋地打扮一番后，迫不及待地拖起妈妈就往门外走，刚一开门，邻居家5岁的月月闯了进来，要和娜娜玩耍。没等娜娜发话，月月就拿起娜娜最心爱的芭比娃娃摆弄起来。娜娜很反感，拉长了脸，一把夺过月月手中的娃娃，连推带拉地把月月赶出了家门，并不耐烦地说道："你快走，我要和妈妈去动物园玩了，没时间跟你玩，赶快走！"月月的眼泪一下子掉了下来，委屈地回了家。

在去动物园的路上，妈妈跟娜娜说道："宝贝，假想一下，换作你是月月，你去找她玩，她不让你玩她的玩具，还没礼貌地把你赶出家门，你心里会高兴吗？"

娜娜脱口而出："当然不高兴了！"

"那如果月月不是那样做，而是说'我早去早回，等回来了再跟你一起玩。'你会怎么想？"

"那我会说'好的，我等你回来，你可一定要早点回来呀！'"

"那你再仔细想想，你把月月粗鲁地推出家门，月月会不会难受？你这样做对吗？"

娜娜惭愧地低了头，懊恼地说道："月月肯定很难过，是我做得不对。"

"那你应该怎么做呢？"

娜娜一脸认真地回答道："我应该早点回去，找她玩，并跟她说声对不起。"

之后，娜娜果真在动物园玩了没多久就和妈妈一起回了家，主动找月月玩去了。

妈妈就是以这样换位思考的方式，一步一步教育女儿去体会被人感受，渐渐地，娜娜从一个小气、自私的女孩变成了一个大方得体、受人喜欢的好孩子。

妈妈用一种商量和建议的引导方式，帮助女儿改掉了自私、小气的毛病，让她成为受伙伴欢迎的好孩子。试想，如果父母不加以引导或者引导得不正确，那么娜娜还会如此吗？说到底，要想实现教育的目的，家长对孩子说话的态度、语气是至关重要的。

学者于丹在与别人分享自己的育儿经时，说道："如果你总是认为自己走过的桥比孩子走过的路还多，那你就放弃了被孩子影响的权利。"从

孩子出生开始，于丹就不断告诫自己，作为一个独立的个体，孩子身上总有值得大人学习的地方，他成长的每个阶段都有自己的逻辑。自己在生活和学习中陪伴他，和他商量，给他建议，而不是命令他如何如何，才能给予孩子一个更好的成长空间，和他一起进步。

❀ 好父母教子妙策 ❀

1. 给孩子提供多一些选择，让他自己做出决定

如果父母们能给孩子多提供一些选择，那么比直接命令他做这做那要让孩子好接受很多。例如，孩子做完作业了，感到无聊，在房间里走来走去。这时候，父母千万别说："马上给我看书去！""赶紧收拾你的房间！"而应该问他："你不打算去看会书吗？""你愿意帮爸爸妈妈打扫房间吗？"

通过这种方式，孩子会自己考虑一下是听父母的安排，还是做点别的。总之，他会对父母的话认真对待，而不会产生反感。

2. 用简单的词汇来代替强迫命令

长篇大论不适合用在教育孩子上，孩子们更喜欢一些简单的词汇。比如，妈妈想命令十几岁的女儿去遛狗，如果她指着狗只是说："狗！"那么孩子就会想到："狗怎么了？……哦，我忘了遛狗了！我还是现在去吧！"

3. 放下权威观念，站在孩子的角度给他建议

要想让孩子跟随父母的意愿行事，首先父母得把孩子和自己放在平等的位置上，多站在孩子的立场看问题，只给他提出一些想法和建议，然后让他自己做决定，而不是用家长的想法强迫他服从。当你的想法和孩子发

生冲突的时候，不妨换位思考一下：如果有人不尊重我而只是要我听话，我会是怎样的感受呢？这样一来，命令的话语自然减少，你也就会更加理解孩子了。

"听话"就是好孩子吗

传统文化的意识中，"听话教育"已经历经几千前的历史积淀并根深蒂固，"听话"一词也成了中国家长教育孩子时使用频率较高的词。我们常会听到这样的话：宝宝，你在家要听爸爸妈妈的话；在幼儿园要听园长的话；上课的时候要听老师的话；工作以后要听领导的话……听话的孩子就是"好孩子"，不听话、爱顶嘴的孩子就是"坏孩子"。

在这种认识下，很多妈妈会要求孩子无条件地听从自己的安排，在幼儿园和学校，无条件地听从老师的安排。

当然，父母们会发现，自己的教育很快便有了"可喜的成果"，孩子变得越来越听话、越来越乖巧了。父母们看着自己的"成果"欣欣然，微微笑。可是他们不知道，大人们是喜欢了，可是孩子在这个过程中却变得胆小怕事、没主见、依赖性强。

对此，专家给出了这样的解释：孩子不听从父母的指令，其实是其身心发展的重要特点。这时候，如果父母过早地用成人的标准去要求孩子，一方面容易扼杀孩子的天性，阻碍孩子创造能力的发展；另一方面，"乖

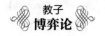

孩子们"迫于外界的压力和想做"好孩子"的渴求，往往有问题不敢提出来，面对问题无论是对是错都不敢辩驳，常常压抑自己，影响着自己的身心健康。

某儿童教育杂志上曾刊载过这样一句话："淘气的男孩是好的，淘气的女孩是巧的。"其实，很多"不听话"的孩子反而比较聪明，思维活跃，他们往往能够做到学习娱乐两不误，这样的孩子不是每个父母所期待的吗？

一位妈妈领着孩子过马路，看到车辆飞驰而过的时候她总会命令孩子："不要动！"孩子也就形成了这样的习惯。这位妈妈为孩子的听话而高兴。

然而，有一天，孩子自己过马路的时候遇到了飞驰而过的车辆，他习惯性地"不要动"而没有躲闪，车辆撞向了他……

还有一个与"听话"相反的故事，小主人公乔冰是个"不听话"的孩子，是典型的淘气大王，用妈妈的话说就是"从小就没有乖过"。

尽管乔冰是个"不听话"的孩子，但他的"不听话"里却有自己独到的见解和出色的创造性。比如，他不顾妈妈的反对，从外面捡来一些废品堆在阳台上，每到周末的时候自己就鼓捣这些废品，把它们做成玩具和装饰物。在幼儿园，乔冰同样"不听话"，有一次老师教孩子们画画，乔冰画了一个绿色的太阳。老师表示费解，乔冰理直气壮地说："早上我看见太阳从树林里升起来，被树叶染成绿色了。"听了他的解释，老师微笑了，还夸他善于观察和想象呢！

通过这两个小故事，我们不难看到其中折射出的教育问题：太听话不见得是好事，不听话也未必是坏事。我们不能用听话和不听话来区分孩子的好坏。

一位名叫海查的德国著名心理学家曾做过一个实验：他对2～5岁时有强烈反抗倾向的100名儿童与没有这种倾向的100名儿童追踪观察到青年期。结果发现，前者有84％的人意志坚强，有主见，有独立分析、判断事物和做出决定的能力；而后者仅有26％的人意志坚强，其余的人遇事不能做决定，不能独立承担责任。这一研究说明，反抗行为强的孩子长大后易有坚强的独立意志，而这种品质是取得优异成就必备的素质。

所以，如果你的孩子很乖巧、很听话，那么最好不要为此而沾沾自喜，要区分清楚孩子是真的懂事，还是被家长扼杀了应有的个性。当然，如果你的孩子是一个总是和自己对着干的"淘气鬼"，那么也不要抱怨，而应留意一下，看看孩子是不是想逃离父母给制造的"保护伞"的愿望。如果是这样，那么父母们应该为孩子感到高兴，并放开手脚，给孩子一个可以自由翱翔的空间。

总之，父母们要清楚，如果你一直把孩子保护在自己的羽翼下，那么孩子就永远学不会独自飞翔。相反，如果你不去限制，放任他做一次"坏孩子"，那么他就会根据自己的想法和见解去处理一些事情，从而会更有勇气去承担责任。换句话说，当我们给了孩子"不听话"的权利和机会，他将会走得更好，站得更稳。

好父母教子妙策

1. 适当引导，而不是专注于听话与否

对于初涉人世的孩子来说，由于没有阅历和经验，父母对他们进行言

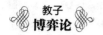

传身教是应该的，让他们听取父母的话也是必须的。但是，随着孩子逐渐长大，他们开始有自己的思想和探求未知世界的欲望的时候，如果父母还一味地要求孩子"听话"，而把"听不听话"作为衡量他好与不好的首要标准，那就失之偏颇了。作为家长，在孩子听话与否的问题上，只需做好正确的引导即可，不应将此作为孩子好与坏的判断标准。

2. 切忌让孩子盲目"听话"

每个人都有独立的人格，都有自己的思想，我们并非培养孩子成为盲目听话的"好孩子"，而是要培养一个不盲从、不盲信、听话做事前一定要对别人的话加以分析思考、尊重自己的大脑的想法的人。只有这样，我们的孩子才会表现出他的独立性和创造性的潜能。为此，家长们有必要经常鼓励孩子："真不简单，有自己的主见！""好的，就按你说的办！"

3. 多给孩子出"鬼主意"的时间和机会

尽管家长们常奚落孩子天马行空般的"鬼主意"，认为实在"不靠谱"。但实际上，这些鬼主意的背后，是孩子善于思考和善于发现的潜能在起作用呢！我们知道，孩子天性好动，对事物也都持有浓厚的乐趣，我们就要给孩子正确的引导，同时多给孩子机会和空间。当发现孩子出了某个"鬼主意"时，可以和他一起挖掘更多的乐趣，引导他将其应用于现实生活中，而不是把孩子的奇思妙想和创造性思维被"听话教育"给扼杀掉。

孩子的特点，父母不应看作缺点

正如世界上没有两片完全相同的树叶，世间也没有两个完全相同的孩子。每个孩子都是不同于其他孩子的特别存在，他有不同的个性、不同的想法和不同的思维、行事模式，这是他独特的特点。如果家长们把这种特点看成是缺点并时时注意，要求孩子改正，那么势必会影响孩子的自我定位，使孩子陷入"我不好"的心理视角，从而影响孩子独特自信的形成。

所以，父母要尊重孩子，不要把孩子的特点当成一种缺点，发现了孩子的缺点后不要惊慌失措，而是用适当的方式加以引导，以接受的态度去看待孩子，在此基础上帮助孩子树立起一份特有的自信心。

在秦老师的班级有一位特别不爱说话的小女孩，她叫刘欣。刘欣的性格算是内向的，为此她的父母特别担忧，经常问秦老师应该怎么办，要不要去看心理医生。

刚开始秦老师没有理会，后来发现刘欣的妈妈真的很担忧，于是秦老师就找她长谈了一次。秦老师首先告诉她，刘欣虽然不爱说话，但学习成绩很好，不必过分担心。如果总是把孩子的性格当成是缺点挂在嘴边上，这必然会让刘欣焦虑、自卑。然后，秦老师用自己的真实经历开导这位家长。

原来，秦老师小时候也曾是一个不爱说话的女孩，从来不敢在公共场合说话，一说话就脸红，浑身不自在。但是，老师和同学没有因此不理睬她，其实那时她是特别受同学们喜欢的，很多同学都爱跟她玩，给很多人

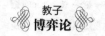
留下的印象是童年的秦老师经常被同学包围，有点像同学中的"大姐大"。

后来考上师范学院，她还是不多言不多语，同学们照样喜欢她。她没有因为性格原因使学习成绩下降，虽然有时候因为性格原因会带来困难，但她都会想办法克服，争取取得好成绩。与此同时，她的意志力也得到了锻炼，变得更加坚强和自信了！秦老师的父母从没有因为她性格内向担心过什么，反而还以她的稳重在其他家长面前引以为荣呢！

告诉刘欣妈妈这些后，秦老师又把任课教师的意见告诉了她，就拿英语课来说吧！刘欣上课认真，作业能够按时按量完成，口语练习更加出色，从成绩来看就更加没必要担心了。在班级里从没有人说过她不好，一些奖状能说明这些。

通过上面的这个案例可以了解，每个孩子都是不同于其他人的，每个孩子都是与众不同的，而孩子这种与众不同本身并没有优劣之分。如果父母一味地认为自己的孩子和别的孩子相比存在很多缺点和弱点，那只能说明你的教育心理存在偏差和缺陷哦！

这也是在家庭教育当中经常碰到的一个问题：许多父母教育孩子很下功夫，却也很苦恼。因为不管批评孩子多少次，他还是改不过来。比如，孩子经常犯同一个错误，父母批评时孩子信誓旦旦：再也不犯错误了！可没过两天他又犯错误了。之所以如此，是因为这是他自身的特点，而不是缺点，这让孩子怎么改呢？经常性地批评孩子，孩子要拿什么去相信自己，认为自己优秀呢？

❧ 好父母教子妙策 ❧

1. 父母们要承认差别的存在

每个孩子的性格和特点都是不同的。许多父母喜欢把自己的孩子跟别的孩子进行比较，而且总拿自家孩子的短处跟别的孩子的长处相比。这样做实际上是忽视了孩子之间的差异。父母应当接受并承认孩子之间的差异，帮助孩子学会取长补短。

2. 帮助孩子把特点变成特长

当发现孩子的特点后，父母们千万不要打击和压制它们，可以针对这些特点引导孩子不断地发挥与运用，鼓励孩子将自身的特点变成特长，这是帮孩子建立自信心的最佳途径之一。

3. 父母要与孩子多交流

有些父母并不了解自己的孩子，不知道孩子在想些什么，最喜欢做的事情是什么，因而常常用自己的想法来代替孩子的想法。其实，只有父母先了解了孩子内心的想法，了解了孩子的喜好，才能更好地理解孩子，才能正确认识孩子的特点并尊重孩子。

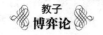

孩子"翘尾巴"，适当"摁一摁"

有一些孩子成天摆出七个不服八个不忿的姿态，稍微取得一点成绩就骄傲得不行。

我们知道，自高自大是一个人对自我评估超出了实际情况，也就是说，骄傲的心态反应的是一个人脱离了真实的自我。这样的孩子自然无法客观地认识自己，这方面的情商也就无从谈起了。

作为家长，我们应该耐心地引导孩子，让他明白每个人都有自己的优点和缺点，别人身上有很多值得自己学习的地方；同时也要让孩子学会发现别人的优点，并看到自己的缺点，用他人之长补自己之短。这样，我们的孩子才能成为一个受人欢迎的孩子，才能成为一个高情商的孩子。

一次，孔子带着他的学生到鲁桓公的祠庙里参观。在那里，他们看到了一个可以用来装水的器皿，该器皿倾斜着被放在祠庙里。当时人们把这种器皿叫作欹器。

孔子向守庙的人询问道："请告诉我，这是什么器皿呢？"

守庙的人说："这是欹器，是用来放在座位右边用来警诫自己的，如座右铭就一般刻在用来伴坐的器皿上。"

孔子说："我听说过这种用来装水伴坐的器皿，在没有装水或装水少时就会歪倒；水装得适中，不多不少的时候就会是端正的。里面的水装得过多或装满了，它就会翻倒。"说着，孔子回过头来对他的学生们说：

"你们往里面倒水试试看吧！"

学生们听后便舀来了水，每个人都轮着向这个欹器里面灌水。果然，当水装得适中的时候，欹器端端正正地立在那里。不一会儿，水灌满了，器皿就翻倒了，里面的水流了出来。再过一会儿，器皿里的水流尽了，就倾斜了，又像原来一样歪斜在那里。

这时候，孔子长长地叹了一口气说道："哎！世界上哪里有太满而不倾覆翻倒的事物啊！"

其实，孔子的这一声叹息是在告诉弟子们这样一个道理：骄傲自满的人，最终都是以失败而告终。

相反，只有谦虚的人才能不断地吸收更多的养料。孩子只有承认人外有人，天外有天，才能认识到学无止境的含义，才能放开眼界，不断地吸收新的知识。

所以，作为父母，我们应该适时适当地帮孩子摁一摁他"翘起的尾巴"，使其戒除骄傲自大的性格特点，培养他谦虚谨慎的作风，告诉孩子：只有谦虚的孩子才有机会看清自己，从而学习他人的长处，弥补自己的不足，让自己不断成长，不断完善。

好父母教子妙策

1. 引导孩子客观地认识自我

有的孩子每当自己做出点成绩就自负得不得了，认为谁都比不上自己，以至于只看到自己的长处，而看不到自己的短处，总拿自己的长处跟别人的短处相比。显然，这样的孩子很容易形成狂妄自大的个性，不懂得

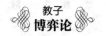

设身处地为他人着想。

作为父母，如果遇到孩子自负的现象时，我们应该及时予以教育和引导，告诉孩子自负的危险结果，让孩子学会客观地评价和认识自我。

2. 让孩子认识到骄傲的危害

孩子之所以骄傲，一方面是为了满足其当时的虚荣心、好胜心，另一方面也因为他们意识不到骄傲的危害。这就需要父母向孩子讲明谦虚使人进步，骄傲使人落后的道理。我们要告诉孩子：谦虚的人会不断学习新知识、新事物，学习别人的长处和先进经验，使自己不断进步；而一个自满自足骄傲的人，不愿去学习别人的优点长处和新知识新事物，最后不仅是原地踏步，甚至还会掉队。

3. 对孩子的表扬要正确

不可否认，适当地表扬孩子能让孩子获得自信和继续努力的动力，但是如果不着边际地表扬则有可能让孩子产生骄傲情绪。在很多家庭中，我们经常可以看到这样的表扬场景，孩子一旦自己做了某件事情，父母就会倾尽所能地表扬孩子，把孩子捧上天。比如有个孩子自己从饮水机处接了一杯水，他的妈妈立即站出来说："儿子，你真厉害，没人能比得上你……"可是，这个给自己接水的孩子都已经十岁了。

还有一家爸爸更离谱，他表扬女儿的时候会说："哎呀！闺女，你太厉害了，你比爸爸厉害，你比妈妈厉害，全世界就你最厉害了！"

实际上，孩子本来没有那么强，却被家长说得"神乎其神"。对于这种家长爱孩子的心理我们可以理解，但是这种不靠谱的表扬简直等于拿孩子来显摆、吹捧，这样做不但不会把孩子变得优秀，反而会把孩子推向骄傲自大的陷阱。到头来，这孩子只能做一个骄傲自大、眼高手低、大话连篇的"低能儿"。

所以，父母表扬孩子的时候一定要实事求是，要表扬孩子的行为而不是表扬孩子本身。这样才能帮助孩子戒除骄傲自大的心理，促进孩子的健康成长。

4. 让孩子尝尝失败的滋味

尽管失败预示着一个人做某件事不得力，取得了令人沮丧的结果，但是我们也不要把"失败"一棍子打死。因为对孩子来说，适当的挫折和失败可以让他那种得意忘形、目中无人的狂妄心态冷静下来。所以，父母可以适时地给孩子创造一点儿遭遇挫折的机会，让孩子品尝一下失败的滋味。比如，我们可以给孩子一些稍微超过他能力的事情让他做，当孩子做不成时，我们要适时地告诉他："还有很多知识是你不知道的，很多事情是你做不了的，所以，你没有资格骄傲自满。"

适当惩罚，让孩子学会自律

"树木如果不去常加修剪，它们便会回复到它们的野生状态。"这是一位教育学家倡导对孩子进行适当惩罚时所说的话。中国青少年研究中心副主任孙云晓也说过，没有惩罚的教育是不完善的教育，没有惩罚的教育是一种虚弱的教育、脆弱的教育、不负责任的教育。

可以说，合理的惩罚应该是教育的辅助手段之一。

的确，很多父母都无奈地感叹：孩子拿自己的话当耳旁风，对自己的教

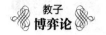

导置若冈闻，三番五次地犯同样的错误。也有的父母抱怨：孩子经常有意无意地逃避教育和管理，总是散漫又随意，完全没有责任感的束缚和限制。

其实，出现这样的局面，很可能是孩子对于自己的行为缺乏责任感造成的。而根本的原因，还是父母在他们犯错之后没有给予相应的惩罚导致的。

换句话说，当孩子犯错之后，如果不进行必要的惩罚，那么情况就很难彻底地改变，孩子就无法懂得自律，无法建立责任心。

因此，从教育方式上来说，对于孩子的错误行为进行适当地惩罚是正当的教育行为，这关系到孩子的健康成长，也是家庭教育中不可替代的方法之一。

佟严是个7岁的小男孩，正处在"七岁八岁狗也嫌"的年龄，难免犯一些错。一次，他下课时在教室里踢起了足球，把教室的玻璃窗打碎了，破碎的玻璃划伤了一个同学，虽然伤得不重，但却把大家都吓得够呛。

事情发生后，老师打电话叫了佟严的爸爸妈妈到学校来。

晚上，佟严看到爸爸妈妈从学校回来以后坐在沙发上都沉着脸不说话的情景，知道这次自己闯祸闯得有点严重了。他主动承认了错误，对爸爸妈妈说："爸爸妈妈，我知道错了，我不该不遵守纪律在教室里面玩球，伤到了同学，这太危险了。以后我会改正的。"

一直板着脸的妈妈看到孩子认错了，看了看丈夫，意思是孩子知道错了就可以了。这时候爸爸说话了："你知道吗，一个不懂得自律的人就是不负责任的人，这样的人是不会有什么发展的！"妈妈说："严严，你以后要听话，要遵守学校纪律。你知道错就好，这次的事就这样吧。"可还没等她的话说完，爸爸就打断了她妈妈话。"不行！犯了错就要承担后果和责任，你现在就去写一份检讨，一会儿念给我听，然后明天去学校交给老师。另外，作为惩罚，你这个月的零花钱取消了。我这么做是为了让你记住这件事的教训，希望你以后能学会自律，不再让我们失望。"爸爸严肃而认真地说。

听到爸爸严厉的"惩罚决定"，佟严不由求助地看了看妈妈，这个惩罚对他来说确实有点严厉了，不过他也知道爸爸说了的话是不会改变的，于是低着头回房间去写检讨了。

如果你是佟严的父母，你会怎么办呢？

可能很多家长会和佟严的妈妈那样，觉得孩子认错了就可以原谅了。但要知道，孩子认错可能是出于害怕，怕家长怪罪、责骂，等事情过去后，这种犯错的后果给他的印象不见得有多深刻，也就难以避免再发生类似的事情。

如果像佟严的爸爸那样，面对孩子犯错进行合理地惩罚，其实更有助于帮助孩子学会自律、自我约束；能使孩子明白做什么事情是对的，为什么要坚持下去，什么事情是做不得的，应当怎样改正。这样更能帮助孩子建立责任意识和责任感，不再由着自己的性情做事，也不容易发生同样的错误。

说到底，孩子自律意识差的话将很难建立责任感。因为对他们来说，自律和责任从根本上具有相同的性质，即出于一种自我约束，从而约束自己的行为，并对自己的行为承担后果。所以，要想培养孩子的责任意识，父母就要注意教育孩子学会自律。要实现这一点，适当的惩罚自然是必不可少的。

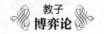

好父母教子妙策

1. 家长在施罚前后必须和孩子沟通

惩罚不是劈头盖脸的训斥，那样不但起不到积极作用，反而更容易让孩子形成逆反心理，更加不听父母的教导。所以，在惩罚孩子前后，父母有必要让孩子明白他的行为到底是对的还是错的，行为和后果到底有哪些关系，惩罚对自己又有什么意义。这样的沟通更有助于孩子学会自我约束，控制自己的情绪和行为。

2. 惩罚也要保护孩子的求知欲和好奇心

在孩子的成长过程中，自控力的发展往往比较缓慢，而好奇心和求知欲则发展迅速，在他们身上出现过失和逃避责任的情况就会比较多。这时候，如果父母不注意保护孩子的求知欲和好奇心，那最终的教育成效很可能会远离施教的初衷。

3. 尊重孩子的人格

我们常说"对事不对人"，在惩罚孩子的错误行为方面同样要做到如此。父母在惩罚孩子的过程中要时刻清楚地认识到：惩罚的对象是孩子的错误行为，而不是孩子本身；惩罚是以教育目的为前提的。所以，不管孩子犯了什么错，父母的教育方式首先要保证尊重孩子的人格和尊严，更不能体罚或者变相体罚孩子。

第二章

哭闹任性是孩子的博弈武器

哭泣是内心情绪的表达

总有些时候，孩子会任性妄为

面对孩子逆反，父母不能束手无策

偶有哭闹可原谅，但不能随便发脾气

如何纠正孩子的"暴脾气"

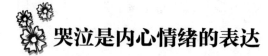

哭泣是内心情绪的表达

从孩子来到这个世界的那一刻开始，情绪就伴随着他们一同到来了，最直观可感的就是孩子的第一声啼哭。从此之后，孩子便和情绪难分你我、形影相随。

面对孩子的哭泣，做父母的常常是感到无奈、抱怨，甚至抓狂。尤其当孩子长大几岁之后，大人们更是难以容忍，有时候忍不住要责备孩子，甚至采取"暴力"措施。

那么，这样做的结果是什么呢？你的孩子真的从此变乖了吗？遇到类似情况时就不再哭泣了吗？

根据我多年以来对身边孩子们的观察发现，这种情况并没有因为父母的强力制止而有所改观。也许当时孩子迫于父母的威力会有所收敛，但并没有从内心认识到这种行为为什么不被父母允许，所以下次再犯时有的孩子会越发哭得厉害。

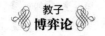

其实，导致这种局面的原因并不在于孩子，而是在于家长。

作为成年人，我们可以回想一下自己有没有哭泣的时候，自己又是为什么哭泣，如果当时没有哭出来，内心是怎样的感受？

实际上，哭泣并不是孩子故意调皮捣蛋，不是成心和父母过不去，而是他们内心需要情感的宣泄，需要释放出内心出现的不良情绪。

然而，在很多家长的教育模式中，我们常常看到的是：哭不好，既不能有利于问题的解决，又会引起人更多的焦虑，还有家长干脆说哭不是"男子汉"所为……岂不知，哭和笑都是生而为人的正常情绪，它们是人们痛苦和快乐的两大情绪类别。父母们之所以不希望孩子哭，是因为我们对于哭有一种本能的焦虑感，这种焦虑直接导致我们不接受孩子的哭，这就使孩子的情绪成长无法达到像身体和认知成长那样的成熟。

一位国外教育专家说过："我们理解孩子，就要理解他的情绪。我们接纳孩子，就要接纳他的情绪。我们爱孩子，就要包容他的情绪。"

我想，这既是对父母的要求，也是对父母的考验。

毕竟，我们都不希望面对孩子哭泣的情况，在面对这种哭泣局面时我们都会产生不愉快甚至焦虑感。可是，做父母不就是不断学习、不断磨砺的过程吗？

一天，放学后的郭岩一进家门就哭着对爸妈说："我被狗咬了一口。"接着大哭起来。爸爸妈妈赶紧查看他的伤口，发现只是划了两道浅浅的印痕。爸爸一边帮他消毒一边安慰说："别紧张，我们赶紧去打防疫针。男子汉哭什么，坚强点。"

可是，在去防疫站的路上，郭岩的眼泪就一直没有停过，任凭爸爸妈妈怎么鼓励和安慰都无济于事。

　　到了防疫站，医生检查后对郭岩说："小家伙，没事儿，这是小问题，只要你按时打针就没事了。"郭岩听医生这么一说，立马停止了哭泣，他对医生说："我会按时来打针的。我不会死吧？"医生笑了："怎么会昵，现在疫苗的效果很好，你及时采取了措施，不会有事的。"

　　郭岩听后，不但不哭了，而且还露出了笑脸。

　　原来，他是害怕自己会死所以才路上一直哭，身为父母却并没有充分理解他这种感受和情绪。

　　很多时候，孩子的哭泣是有一定行为目的的，他们希望对方能给予自己真正的帮助，于是急切地想寻求解决问题的方法，而不只是想获得心理上的安慰。父母们认识到了这一点，在遇到孩子哭泣的时候就有必要分析孩子是不是需要自己给予帮助，而不只是焦虑和指责了。

　　一次，雄雄的妈妈送儿子去幼儿园，看到一个刚入园的小男孩因为妈妈的离开而大哭不止。一位年轻的女教师抱着这个孩子，让他趴在自己的怀里哭，一边拍着他的后背一边说："我知道跟妈妈说再见是很难过的事，你不希望和妈妈分开。不过你要知道，妈妈下午肯定会回来接你的。我们来做点什么，帮你感觉好一点好不好？"

　　只见这位老师说着，慢慢领着男孩往教室里走。这时候，男孩已经由大声号哭变成了小声地抽泣，进屋之后，老师拿给他一张纸和各色蜡笔，和他一起坐下来写信，这时候孩子已经完全停止了哭泣，用心地写写画画起来。

　　看到这一幕，雄雄妈妈很为这个老师的做法感到敬佩。老师对待哭闹的孩子所采取的做法是非常正确的：首先她认可孩子难过的情绪，然后帮

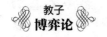
助孩子想办法疏导和表达自己的感觉。这样，孩子的内心就会得到理解，情绪得到疏导，哭泣自然就停止了。

作为父母，在面对孩子哭闹的时候应该先冷静下来，试着去理解孩子的情绪，然后对其进行合理疏导。这样才会帮助孩子尽早摆脱不良情绪，回归到正常状态中来。

好父母教子妙策

1. 给孩子提供一个避风港，让他在受挫后找到温暖的安慰

孩子遇到不如意之后心里肯定不好受，他们很可能会用哭泣的方式发泄出来。这时候，父母不要急于责问孩子为什么哭，更不要指责孩子的哭泣行为，而应该包容孩子的情绪，给孩子提供一个温暖的避风港。这样，孩子才会感受到来自父母的理解和爱，而不至于在挫折中越陷越深。

2. 给予孩子必要的鼓励和帮助，帮他重拾信心

在得到安慰之后，孩子往往并不能因此就停止哭泣，放下悲伤。因为安慰只是将他们从失败的阴影中拉出来。他们原本受到打击的内心仍旧还很低落，所以父母在安慰完孩子之后还有事要做。

那就是要给予孩子适当的鼓励，帮助他们分析受挫的原因，教会他们如何避免同样的问题再次重演。这对孩子走出低谷是很有帮助的，他们会从父母的鼓励、分析之中发现自己是有能力战胜挫折的，也是有更好的方法来实现愿望的满足的。

3. 父母不断成长，孩子才能不断成长

在我们的传统思想中往往存在一个误区，那就是小孩子什么都不懂。

可是，我们若回忆一下自己的成长经历就会发现，我们其实有着很多不为大人所知的烦恼，也曾经渴望得到更多的支持。也许我们在无助中度过了很多岁月，但我们不应该让我们的孩子再有同样的无助感。

或许家长们会说：我都是稀里糊涂长大的，而且也长得不错。但是在我看来，我们的孩子应该更加享受成长的过程。我们的父母在他们所知所能的范围内已经尽了他们的努力，今天，当初的孩子成为了父母，轮到我们的时候，我们也需要去努力，这不仅仅是为了孩子，也是为了我们自己。

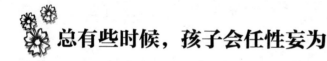

总有些时候，孩子会任性妄为

现代家庭中，很多独生子女都会时常表现出任性妄为的言行，令家长们无比头痛。其实，这是一种不正常的心理状态，也是孩子要挟父母、满足自己某种需要的手段。

可是在很多时候，父母对孩子的这种行为很头痛，束手无策，于是要么用恶狠狠的语言训斥孩子，要么妥协退让，答应孩子的要求。岂不知，那些责骂甚至用棍棒教育的家长是很容易让孩子更加叛逆、更加任性的；而那些向孩子妥协的家长很容易助长孩子的固执、好强等不良性格。

其实，孩子的任性妄为并不是天生的，主要还是因为家庭教育的失败。作为孩子最亲最近的父母，既是孩子任性的制造者，也是任性后果的承受者。

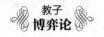

周末的时候，思凯夜里做了个梦，梦到自己在动物园看猴子和老虎。一早醒来，他便嚷着要爸爸带他去动物园。

可是，爸爸当天要加班，不能带他去。他就对爸爸说："是带我玩重要，还是加班重要？不就是个工作吗，不做又会怎么样，你可只有我一个儿子！"

面对儿子这样无理的话爸爸很无奈，斥责了思凯几句，耷拉着脸就上班去了。爸爸走后，思凯又缠着妈妈，要妈妈带他去动物园。妈妈说今天约了医生，要去给奶奶看病。

见爸爸妈妈都没人带自己去，思凯一屁股坐到地板上，裤子也不穿，袜子也不穿，就那么冻着……

无独有偶，皮皮也是个任性的孩子。一天下午，远在外地的姨妈千里迢迢来到皮皮家探亲，姨妈还给皮皮买了礼物。

皮皮一看姨妈买的礼物是自己已经有了好几个的"奥特曼"，就非常不开心，大声说道："姨妈，你可真不会买玩具，你怎么不提前问一下我，你买的'奥特曼'都过时了，我才不稀罕呢！"

皮皮的一番话让姨妈很下不来台，皮皮的妈妈赶紧打圆场，斥责皮皮说话不礼貌。可是皮皮却还是不依不饶："姨妈家那么有钱，给我买这么个破玩意，我说两句怎么了？"

皮皮妈妈知道自己的儿子太任性，不来点"硬的"根本不行。于是，妈妈到厨房拿了扫地的笤帚，进到皮皮的房间并上了锁，朝着皮皮的屁股就打了下去。妈妈边打还边说："我看你是屁股又痒痒了，不收拾你你就这么肆无忌惮，看我不打死你！"

经过一顿打之后，皮皮才向妈妈承认了自己的错误。但是，此时，皮皮的心里并没有真的认错，相反，他恨透了妈妈，而且准备有机会还要闹

得更凶……

看到上面的事例，我们都不禁感到可悲，一方面是为这两个任性妄为的孩子，另一方面也为他们不懂得教育和引导孩子的父母。其实，造成孩子的肆无忌惮和任性妄为的，归根结底都是父母的教育方式。

父母对孩子一开始出现此类行为不重视甚至放任自流，那么孩子逐渐就会变得不可收拾。等到父母意识到问题，意识到该管教孩子了，又没有采取合理的方式，而是采用了斥责、殴打等暴力方式，这样也只能让孩子表面上服从，内心则更是不服不忿。长此下去，孩子的情商会越来越低，到时候父母再后悔可就真的晚了。

好父母教子妙策

1. 设立规矩，并严格遵守

俗话说得好："没有规矩不成方圆。"我们教育孩子，虽说要尊重孩子的天性，要放手让孩子自己去探索、去认知，但我们也要给孩子立下规矩，并且坚决执行。

生活中，虽然有的父母也会给孩子订立规矩，但往往是三天打鱼两天晒网，至于执行得怎样、是否能长期坚持抱持无所谓的态度。这样下去，孩子一旦形成肆意妄为的习惯，要改变可就难了。比如，妈妈让孩子收拾自己的房间，孩子拒绝，妈妈于是边唠叨边自己代劳了。或者，孩子想要一件新衣服，妈妈说没必要买，结果孩子一哭闹妈妈立马答应了。

如果长期如此，孩子就会产生这样的想法：爸爸妈妈从来都是"说到做不到"，我根本没必要听他们的话。

其实，正确的做法应该是：订立的规矩一定要坚决执行。比如，喊孩子吃饭，他却一直不来，那么就不要等他，吃完后收拾碗筷，让他饿着。经过这么一次顶多两三次，孩子就知道爸爸妈妈是说到做到的，以后就不敢这么任性了。

2. 切勿"配合"孩子的任性

有些时候，孩子表现得任性妄为，是因为父母给予了"配合"所导致的。父母越是在意，他就越是来劲。所以，当孩子用不合理的方式来提要求或者闹情绪的时候，父母可以不予理睬并及时撤离。

我们应该知道，孩子虽然年龄小，但是也是很聪明的，他们对父母的话不理睬，往往是想试探父母，看看自己到底能争取到多大的权利。此时，如果父母和孩子进行正面冲突，只会鼓励孩子的错误动机继续发展，对解决问题毫无用处。

3. 要想让孩子听话，父母必须做到有令必行

很多父母往往是嘴上勤，行动上懒，他们给孩子制定这样那样的"制度"，但对具体的执行情况却常常大开绿灯，导致孩子产生这样的认识：爸爸妈妈说的话可听可不听，因为不听也不会有什么后果。

由此看来，要想让孩子听话，父母必须得做到有令必行，做个坚定的家长。

8岁的波波拿了一本新买的故事书向妈妈走来："妈妈，给我讲这个故事。""波波，作业做完了？""还没呢。""那你先去做作业，做完了妈妈再给你讲。""不，讲完这个故事，我再去做。"波波不答应。"听话，先去做作业。""你不给我讲这个故事，我就不去做。"妈妈和波波一来一往地争执起来。最后，妈妈烦不过："好好，快拿来，我给你讲，讲完你要马上去做作业。""嗯。"波波答应了一声。

波波的妈妈一开始想让孩子做完作业再听故事，但是她不够坚定，而是屈从了孩子。因为她担心这样和孩子争执下去显得自己太不近人情，再者这样也浪费时间。但是，波波妈妈肯定没想到，正是她这一时的怕麻烦，纵容了孩子不听话的习惯，必将给以后的教育带来更多的麻烦和障碍。

其实，孩子任性、不听话对他的成长是有着诸多影响的，一个不听父母话的孩子，往往在跟别人打交道的时候也无法顺利进行。因为他没有在家里学会配合、学会合作，那么到社会上在和他人交往的时候，他也不知道怎样和别人进行合作。而且，一个总和父母闹别扭的孩子当和别人打起交道来，又怎么能体谅别人的难处？不用说，这样的孩子是不受大家欢迎的。

因此，为了让我们的孩子能够顺利地与人相处，父母们要从小培养孩子在家里懂规矩、会合作的意识和习惯。

需要提醒父母们的是，在矫正孩子任性方面不要操之过急，不要指望一下子就把孩子长时间养成的恶习纠正过来，而应该耐得住性子，循序渐进地进行。另外，父母们还要注意，在一段时间内，专门纠正孩子在某个具体行为上的任性表现；如果一下子给孩子订立许多条规矩，每一条都不许孩子违反，那么孩子就会陷入茫然的状态，不知道怎么办才好，即便他能理解父母的意图，但情绪上也会有较大抵触。若如此，不就违背了教育的初衷了吗？

面对孩子逆反，父母不能束手无策

常有些父母抱怨孩子的逆反心理太重了，根本听不进自己的话，偏爱往相反的方向做。如此一来，父母们真是痛苦万分，对孩子这种行为束手无策。

一直以来，在爸爸妈妈眼里，雷洛都算得上是个听话的孩子，学习成绩也很优异。为此，爸爸妈妈一直为有这样一个儿子而骄傲，一直以来对他也十分放心。

但是，就在今年雷洛升入初中之后，情况悄悄发生了变化。雷洛的爸爸妈妈发觉，以前很乖的儿子现在十分情绪化，动不动就发一些无名火，有时候爸爸妈妈多说两句，他就会表现出满脸的不耐烦："好啦不用说啦，我知道该怎么做。"

爸爸妈妈以前可没见儿子这样过，所以当现在面对时常和自己顶嘴、而且压根不听自己话的孩子，他们深感错愕。为此，他们还打电话和雷洛的老师沟通，从老师那里得到的反馈和他们自己的感受如出一辙，原来雷洛在学校也不再像以前那样虚心地接受批评，每当面对批评时他都是一脸的不服气，有时候甚至还狡辩，和老师发生争执。老师还以为家里发生了什么事，正准备找机会进行一次家访呢！

其实，雷洛的行为是一种极端的逆反，是叛逆心理的表现。哪个父母摊上这样的孩子都会苦恼、不知所措。因为孩子叛逆，他们不接受父母或老师的批评、受不了一点点的挫折和压力，喜欢由着自己的性子做事情，根本不会考虑别人的想法，只要是不合自己心意的事情他就会反抗。

面对这样的孩子，很多父母开始担心，如果一直这样下去可怎么办？

实际上，父母不必担忧，孩子成长到青春期时，叛逆是难以避免的。对少部分孩子来讲，叛逆有时候可能会伴随孩子的整个成长过程。但是对大多数孩子来说，他的成长过程中主要有两个叛逆阶段：一个是3~4岁的时候，一个是12~15岁的时候，也称为青春期叛逆。

这就是为什么很多父母就像故事中雷洛的父母一样，觉得孩子上了初中之后忽然大变样：学会和大人顶嘴了，叫他做的事情他偏不做，不要他做的事情他非要做，简直是无理取闹。如果父母说他几句，他不是发脾气不听管教，就是赌气离家出走，这种表现让父母如同身处水深火热中一般。

那么，孩子为什么会在这个阶段如此叛逆呢？其实，这是孩子身体和心理成长到一定阶段的标志。孩子进入青春期之后，由于生理变化引发心理变化，他遇事开始思考，形成并不成熟的主见，对父母的话开始怀疑。

所以，我们应该从孩子成长的角度来看，孩子的叛逆表现实际上证明了他的心理在成长，当经过了这个阶段之后，孩子就会逐渐摆脱对父母的依赖，成为一个有独立思考能力的人。换句话说，叛逆的过程就是孩子在学着思考的过程。

但是，需要提醒父母们的是，由于这一时期的孩子其思维能力还不成熟，加上缺乏一定的生活经验，因此他对事物的认识还仅仅停留在表面阶段，带有很大的局限性，所以有必要由父母加以引导。

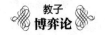
好父母教子妙策

1. 温和地和孩子讲道理，而非批评责骂

父母一旦察觉孩子会提出一些不合理的要求和做出不合理的行为时，不要批评责骂孩子，而要和孩子讲道理或者给他讲一些类似的小故事，让他通过道理或者小故事得到启发，认识到自己的行为或者要求是不当的，从而纠正自己的想法和要求。

如果父母简单粗暴地批评、责骂孩子，那样会伤害他的自尊心，有时候也会激起他故意反叛的心理。

所以，我们提倡父母采取以柔克刚的教育方式，这样不仅有利于孩子认识自己的错误并且改正，还能缓解父母和孩子之间的关系。

2. 尊重孩子的意见，让他和自己平起平坐

不少父母出于保护孩子的想法，不让孩子参与任何家里的事。其实，孩子是一个独立的个体，他有表达自己想法的欲望和权利。只有获得平等地对待，孩子才会少一些叛逆。

为此，父母要试着让孩子参与到家庭决策中来，哪怕是用红色的碗盛米饭还是用白色的碗盛米饭这样的事，如果让孩子参与决定，那么他就会有一种"当家做主人"的感觉，也就不那么容易和父母作对了。

也许有些事情上，孩子的想法不尽合理。对此，父母也要让孩子说完，然后再帮他指出不足之处。这样，孩子就会感受到自己是被尊重、被重视的，以后他也会乐意对你坦诚他的想法。

3. 培养独立意识，让孩子成为一个大写的"人"

作为过来人的父母，总是不想让自己的孩子吃亏，所以在孩子遇到事情的时候总是积极地说教。这些父母不知道，他们这样做有时候会让孩子

很反感，更加激起他的逆反心理。

在面对一些问题和困难的同时，父母不妨放手让孩子自己去解决，只有他犯错了或者受到挫折，通过亲身的实践和感受，他才会加深对自己的认识，同时也培养了他的独立意识，积累了他的生活经验。同时，在学着解决困难的时候，孩子的抗压能力和责任感也会随之增强。

随着孩子步入青春期，他们会在身体、心理上呈现巨大的变化，令父母难以适应，觉得孩子在不停地触犯自己的威严。其实，这时父母就要改变自己的教育方式了，如果还是维持孩子小时候的那种教育方式，肯定行不通。聪明的父母会及时地调整自己的教育方式，看看自己是不是给孩子压力过大，自己的唠叨是不是过多，是不是没有尊重孩子的想法，发现问题，然后积极解决问题。

因此，父母们还是多用一些思想和智慧来对待孩子的逆反心理。当你学会善待这种心理的时候，你的孩子才能更顺利地度过叛逆期。

偶有哭闹可原谅，但不能随便发脾气

稍微留意一下，不难发现在我们的周围，常常会有一些很容易情绪波动的人，他们往往会因为别人的一句话而不高兴，甚至带来人际关系的摩擦和障碍。但也有一些人总是非常平静、镇定，在必要的时候表达正常的喜怒哀乐。显而易见，前者没有后者那样善于控制自己的情绪，容易被情绪牵着鼻子走。这样的人即使业务能力再强，即使为人再善良，也常常会因为自己的情绪波动而让周围的人感到难以接受，天长日久，大家便会逐渐远离他了。

不用问，父母们都不希望自己的孩子在未来的生活和工作中成为这样一个不受欢迎的人。可是看看周围的孩子们，不知道为何总是喜欢哭闹，动不动就大发脾气。比如，小伙伴某一句话让自己听着不顺耳，就冲人家大喊大叫，甚至还大声责骂；听见不喜欢的节目就会怒气冲冲地关掉电视，大骂"真难听！"父母不禁要问，一个小孩子怎么会有这么大的火气？

事实上，造成孩子动辄哭闹的因素有很多，比如娇生惯养、不受重视、经常受打骂等，这些都有可能引起孩子用哭闹的形式来表达自己的愤怒。面对这种情况，多数父母都会厉声呵斥孩子，用家长的权威强迫孩子改掉坏毛病。事实上，这种做法可能见效一时，但不会对孩子情绪的稳定和自控力的提升有任何帮助。

作为父母，我们能做的就是不要带着对抗的情绪来要求和命令孩子，而应该平静下来，用好的方法帮助孩子改正这种乱发脾气的坏习惯，以免他在生活中处处受挫。

孙小闹小朋友真是人如其名，特别爱发脾气，以至于爸爸妈妈都后悔给儿子起这么个名字了。每当发起脾气来的时候，孙小闹就像火山爆发似的，乱摔东西，异常暴躁。周围的小伙伴在私下里都管他叫"小刺猬"，大家都躲得他远远的，生怕一不小心被他那坏脾气给招惹上。

其实，孙小闹自己也知道自己脾气不好，但是每一次他都控制不住。害得他朋友越来越少，谁也不跟他玩了。

儿子的这一情况被父母看在眼里，急在心上。孙小闹的妈妈赶紧购买了一些教子育儿的图书，抽时间便认真地看，很认真地"恶补"起来。在一本书中，妈妈看到了一个帮助孩子认识乱发脾气的危害的方法，决定拿来一试。

这一天，妈妈给了孙小闹一袋子钉子，告诉他每当他发脾气的时候就钉一颗钉子在一个木制板凳上。

最开始的10天时间里，孙小闹就钉下了8颗钉子，之后的10天，孙小闹钉下6颗。再往后，孙小闹钉下的钉子的数量越来越少。这让孙小闹有了一个奇怪的发现：控制自己的脾气要比钉下那些钉子来得容易些。就这样，一直持续了近三个月，终于有一天，孙小闹觉得自己已经能够控制自己的脾气了。

看到这个结果，妈妈又对他说，从现在开始每当他能控制自己的脾气的时候就拔出一颗钉子。几个月之后，孙小闹把板凳上的所有钉子都拔了出来。

这时候，妈妈拿过布满了钉子印痕的板凳，对孙小闹说："孩子，你做得很好。但是妈妈希望你能知道，在许多时候，乱发脾气就像这些钉子一样会留下疤痕。就像你拿棍子拿别人一下，不管你说了多少次对不起，人家所受的伤永远会留下疤痕。这其中的道理是一样的。"

这时候，孙小闹终于明白了妈妈的苦心。从那之后，他始终坚持做到努力控制好自己的情绪，再也不敢乱发脾气了。从那以后，孙小闹的好朋友越来越多，他也成了小伙伴中最受欢迎的孩子。

孙小闹的妈妈在发现了儿子乱发脾气以至于在交友方面大受挫折之后，采取了正确的措施，终于帮儿子学会了情绪控制。孙小闹也因此收获

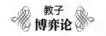
了更多的友谊。这实在是比较理想的结局。

　　记得圣雄甘地曾说过这样一句话："从苦难的经历中我得出一条至高的经验，那就是要控制我的愤怒。"可见，控制愤怒对所有成功的人而言，都是十分重要的经验之一。因此，作为父母，在面对孩子任性妄为的一些言行的时候，先别急着用强硬的态度呵斥孩子甚至责罚孩子，而应该帮助孩子学会自我调节。这样，才能真正促进孩子情绪自控力的提升和心灵的良好成长。

好父母教子妙策

1. 面对孩子发脾气，父母先要控制情绪，保持冷静

　　当孩子发脾气的时候，父母是很容易被激怒的。可是，如果父母控制不住自己的脾气，就会和孩子"针尖对麦芒"，到最后问题解决不了，还使各自的心情都不愉快。因此，我们建议，当孩子向家长表达负面感受时，家长首先要做的是保持冷静，并适时地控制自己的情绪。

　　如果你觉得有困难，那么不妨采取数数的方法，从1数到10，然后安静专心地倾听孩子的感受，耐心地听完孩子的不满或牢骚，并在适当的时候用简单的词语回应或说出他的感受。这样可以让孩子懂得，表达负面感受是完全正常的、可以理解的。与此同时，来自父母的尊重、体谅和支持会让孩子感受到强烈的爱，从而淡化负面情绪给他带来的心理压力。

2. 及时发现孩子的不良情绪，并帮其尽快排除

　　不可否认，谁都不是圣人，小孩子也一样，在遭遇挫折和烦恼的时候他也难免会发脾气。由于孩子尚小，自控能力有限，所以需要父母的帮助。比如，当发现孩子放学后闷闷不乐也不爱多讲话的时候，父母可以耐

心询问。如果孩子还是不愿意说，父母也不要放弃，而应先争取孩子的信任，引导孩子把话说出来。这样才会帮他分析问题的原因、寻求解决的办法。如此一来，孩子的烦恼才会逐渐消除，快乐才会降临。

3. 教孩子学会转移过激情绪

当孩子的情绪处在剧烈状态时，我们还可以通过情绪转移的方法帮助孩子。比如，有意识地转移话题或思维，使紧张的情绪松弛下来；把不愉快向知心朋友或者亲人倾诉出来，或大哭一场；将眼睛微微闭上，做几个深呼吸，默默对自己说"放松，再放松……"；学会用幽默、机智的语言来表达自己的情绪；站在别人的角度上想问题等。

4. 延迟满足孩子的欲望

对于孩子所提的要求，如果父母总是及时去满足的话，那么会让孩子养成急躁、缺乏耐性的性格。这种性格势必会作用于他在生活和学习中的表现，一旦局面让自己不满意就会惶恐不安，甚至大发雷霆。

正确的做法是，延迟满足孩子的要求，这样可以从一定程度上让孩子学会克制。比如，当孩子想买某个很喜欢的玩具时，父母可以有意识地推后一段时间再给他买。

需要提醒的是，延迟满足孩子的愿望，意味着当时拒绝孩子的要求。这时候，父母切忌用生硬的语调来表达，而应选择一种温和的、容易让孩子接受的方式。如果能够长期如此，对孩子自制力的培养将会大有裨益。

5. 通过日常生活来训练孩子的自控能力

孩子的成长并不是仅有照本宣科的理论就可以的，真正的教育是贯穿于一点一滴的日常生活之中的。就拿孩子的情绪控制力这一点来讲，通过日常生活中规律的作息就可以进行相应训练。比如什么时候起床、什么时候用餐、什么时候到学校，都应该有具体的要求。这样会让孩子感受到规

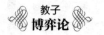
矩的存在，并能够很好地遵守规矩。当孩子长期在这种规范的约束下，就会逐渐有意识地克服自己的惰性，努力实现目标。

如何纠正孩子的"暴脾气"

如今的孩子不知为何总是喜欢大发脾气。造成孩子"暴脾气"的原因有很多，父母要做的是帮助孩子改掉这些坏习惯，否则在生活中他会处处受挫。

东东今年只有五岁，但脾气却是出了名的火暴。有一天，刚刚睡醒午觉的他还想继续上午的过家家游戏。然而，当他走到小桌子旁，却发现什么也没有了，小盘子、小碗还有"看书"的小熊、在小车里躺着的小兔兔都不见了。

这时，妈妈过来抱起东东说："东东，你看妈妈把你的小玩具都收起来了，干净吧！"没想到东东却"大发雷霆"，一边打妈妈一边叫喊："你讨厌，你讨厌，谁让你把我的过家家给破坏了，你赔我！"

妈妈很生气，批评了他一顿。谁知东东并不接受，依旧我行我素。但在幼儿园，他这套却行不通了。幼儿园里，小朋友们都是平等的，他发脾气没有人会怕他，为此他和小朋友也打了好几场架。东东的坏脾气让老师也无可奈何。这样，他不能与同伴和睦相处，被孤立于同伴之外，渐渐地就没有小朋友愿意跟他交往了。

　　暴脾气已经让东东流失了很多朋友。倘若这个坏习惯一直伴随着东东的成长，那么他的交际之路一定是磕磕绊绊，难以收获真正的友谊。

　　像东东这样的孩子在现实中还有不少，有的甚至比东东还要过分。从心理学角度来看，乱发脾气是孩子意志薄弱、缺乏自控能力的表现。乱发脾气的孩子常常希望别人都顺从自己的想法和感受，当别人不赞同自己的想法时，他们就不能控制自己的情绪，开始大发雷霆。孩子乱发脾气会影响他的知识获得，影响人际交往等各方面能力的发展，非常不利于孩子今后的成长。

　　情绪是一个人内心世界的反光镜，它清晰地反映了孩子当时当下的内心波动。一个惯于发脾气的孩子很难与他人进行友好的交流，优异的交际能力自然也成了奢望。所以，父母一定要对孩子乱发脾气的行为进行引导、疏通，让他可以用平和的态度去面对问题、解决问题。

好父母教子妙策

1. 转移孩子的注意力

　　孩子一旦发脾气，就会把注意力集中在"生气"上。所以，父母就要引导他转移注意力。例如，孩子是因为得不到某件东西而哭闹，那么你可带他到屋外走走看看，一方面安抚情绪，一方面也借外面的事物转移注意力。

2. 给孩子"约法三章"

　　为孩子制定规则，这是规避他发脾气的重要手段。例如，父母可以规

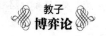
定孩子一个月只能吃两次快餐，如果超过两次下个月就不能再吃了。父母还可以把规则写于书面，一旦孩子乱发脾气，不妨让他看看自己的承诺。孩子是好面子的，不愿做一个不诚信的人，因此自然会收敛起脾气。

3. 培养孩子的容忍度

想要孩子不乱发脾气，就要培养他的挫折容忍度。我们要告诉孩子，在发脾气前试图将自己冷静下来，不要轻易暴露自己的情绪，以免产生不必要的后果。其次，当孩子发完脾气后，让他自己静下心想一想是不是值得发怒，然后父母要帮助孩子找出烦恼的根源，以利于孩子控制情绪。

4. 为孩子提供发泄渠道

孩子发脾气，归根到底是因为心里有愤怒。所以，父母可以在孩子不顺心时带他们出去走一走，多参加一些户外活动，或是找个好朋友一起聊聊天，谈谈心，以排解内心的烦躁。

第三章

吃苦还是不吃苦，父母和孩子想的不一样

孩子渴望独立，父母不肯放手

孩子需要爱，而不是溺爱

希望孩子行动，他却只说不做

挫折是成功的序曲，父母为何不让孩子吃苦

逆境中的花开得更美，别让孩子做温室中的弱苗

孩子想要零花钱，父母偏不随意给

孩子渴望独立，父母不肯放手

就孩子的本性来说，他们是渴望独立的。他们希望通过自己的力量实现目标，哪怕是刚刚学走路的孩子，他也试图摆脱搀扶的手，想独立行走。再大一点的孩子可能会希望自己盛饭、自己洗澡、自己上学等等，这些都是孩子渴望独立的表现。

再看看父母们，往往会给孩子挖一个"温柔的陷阱"——对孩子的事包办。不可否认，呵护孩子没有错，但是如果超越了正常的范围，很少给孩子独立做事的机会，就会致使孩子的生活自理能力差，依赖性强，意志薄弱。

作为父母，我们要知道，一个缺乏独立性的孩子是无法适应现代化社会需要的。今天的孩子长大后面对的将是：社会变化加剧，科技发展迅猛，各种竞争激烈，他们需要具备独立思考、判断、解决问题的能力。你的不放手，会一点点将孩子独立的个性给扼杀，而最终他将成为一个依赖父母的人。这样的孩子又怎么能获得很好的生存空间和发展机遇呢？

不要以为独立是什么"先天因素"决定的，如果我们能做到下面这个故事中的母亲那样，那么孩子自然会养成独立的特性。

燕燕已经三岁了，到了上幼儿园的年纪。可是她却习惯了依赖妈妈。因为在她成长的过程中，每每想挣脱妈妈的怀抱，自己"做"点事情，都会被妈妈制止。随之而来的就是凡事由妈妈代劳，就连吃饭也要妈妈把勺子伸到嘴边。

可想而知，燕燕的幼儿园生活开展得非常不顺利。即使老师们把多一些精力放在她身上，给她多一些照顾，她还是无法独立吃饭，无法独立上厕所，甚至自己都不会洗手。

幼儿园老师和燕燕的妈妈反映了这一情况。妈妈这才意识到自己在陪伴孩子成长的这几年中所犯下的错误。到了这种地步，无奈的燕燕妈只好让自己"铁石心肠"，放手让燕燕自己做事。

妈妈要求燕燕做出的第一个改变，就是每天自己下电梯到单元门门口去取牛奶。燕燕当然有些不高兴，因为冬天她怕冷，而且她又从来没做过这样的事，所以不肯去拿牛奶。

看着撅着嘴的燕燕，妈妈说："天气冷了，风大了，送牛奶的叔叔就可以不送牛奶了吗？妈妈就可以不上班了吗？不行吧！所以我们要学会克服一些小小的障碍。这样我们才能增长本领，才能做更多的事。妈妈相信，你一定能行的！"就这样，在妈妈的"说服"下，燕燕终于答应去楼下取牛奶了。

一个星期天，燕燕又不愿意去拿牛奶了，一直嚷嚷着困。这时候妈妈也动摇了，可是她想起要培养孩子独立性的事，就打消了妥协的念头，她对燕燕说："如果送奶的叔叔也说困，不起来送牛奶了，那燕燕还有奶喝吗？我困了，不起来做早餐，你还有早餐吃吗？该自己做的事，不能因为有了困难，就可以不做，对不对啊？"妈妈的一番话再一次鼓励了燕燕，于是她使劲爬了起来。

渐渐地，在独自完成一些事情方面，燕燕的借口越来越少，即使再想睡懒觉、天气再不好，她仍天天去拿牛奶。而她曾经依赖妈妈的习惯，也一点点地减淡了。

燕燕妈妈的不放手，培养出了燕燕这个依赖心理特别重的孩子。而遇到问题后妈妈所做出的改变，让燕燕终于成长为一个独立的孩子。由此可见，每个孩子都能拥有独立的"属性"，关键在于父母是否给予了孩子机会。

不无遗憾地说，现实中的父母却很少开发孩子的这一属性，总是对孩子过分溺爱，甚至鼓励孩子依赖父母，不让他们有长大和自立的机会。久而久之，孩子的心中就会逐渐产生对父母的依赖心理，成年以后依然不能自主——缺乏自信心，总是依靠他人来做决定，终身不能负担起选择、接纳各项任务和工作的责任，从而形成依赖型人格。更可怕的事情还在后头：当孩子对父母的依赖越来越严重时，他会感到自己的需求和父母的能力之间的差距越来越大，相互间不满和怨言也会与日俱增，以至出现纠纷和冲突。

所以，想让孩子成才成功，父母就不能事事包办，越俎代庖，而应鼓励他们自己去玩、去思考、去探索。就像对狮子，我们必须让它接受大自然的磨砺，尽管某些时候，这种磨砺看起来很"不人道"：饿了自己找食吃；渴了自己找水喝；受伤了就用自己的舌头舔伤口。只有让它独自接受

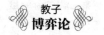

生存的挑战，它才能在大自然的环境里顺利地活下来。

对孩子的教育和培养也是如此。如果家长一味地陪孩子，只会把孩子养成像笼子里的小狮子那样，毫无生活技能，最终被社会所淘汰。因为人生的路上，父母不可能永远陪着他，总有这样那样的事情，需要孩子独立面对。真正爱孩子就要放开孩子，"不陪"才能培养孩子的独立性，才能把孩子培养成真正的"狮子"。

好父母教子妙策

1. 不做"拐杖"父母，相信孩子可以

身为父母，我们要避免让自己成为孩子的"拐杖"，而应该必须相信孩子自己可以将事情做好。实际上，信任比惩罚更能激起责任心，还能增强孩子的自尊心和自信心。如果孩子失败了，父母就帮助孩子分析一下原因，可以指导他们，但不能包办代替。

2. 培养孩子的责任心

培养孩子的责任心，就是要让他养成负责任的好习惯。但凡在他"职责"范围内的或者他答应了的，就一定要让他去完成。

3. 尊重孩子的选择权

让孩子成为自己的主人，他才能够有勇气去面对未来。也许父母希望孩子这样或那样做，但是父母应该给孩子一个机会，让他学习独立决定。他从自己错误的选择中学到的东西比从父母正确的指导中学到的还要多。

4. 培养孩子的好奇心

孩子对一切都充满好奇心，他们有独自探索世界的欲望。所以，我们不要什么都教他，而是应当让他自己去试，即使失败也没关系。因为只有

通过失败，他们才能获得更多的人生经验，才能对这个世界有更加准确的判断与认识。单凭说教，孩子对世界的理解永远都是抽象的。

5. 要主动培养孩子"自己想办法"的习惯

无论孩子面对何种问题，我们都应鼓励孩子"自己想办法"，而不是什么事情都想帮助孩子完成。例如，当孩子想要跨上儿童车时，你就应该鼓励他自己想办法。在这个过程中，他的协调能力不仅得到了提高，更对"如何上车，如何下车"有了直观的体会，这种成就感会让他主动形成"自己想办法"的好习惯。当然，在孩子独立操作的过程中，我们可以告诉他应该怎么做，做好他的"帮手"。

孩子需要爱，而不是溺爱

身为父母，最幸福的一件事就是看着一个小生命一天天地成长，一点点地增长本领。在我们的陪伴下，他们从呱呱坠地到蹒跚学步，再到欢蹦乱跳以至自己上下学……作为父母，看着一天天长大的孩子，万千欣喜萦绕心头。带着这份欣喜，我们爱孩子的心也越发"膨胀"起来，会忍不住把孩子当作掌上明珠来对待，冬天怕冻着，夏天怕晒着，恨不得倾其所有来让孩子快乐开心地成长。

然而这些父母不清楚，如此对待孩子已经远远超出了正常的爱的范畴，属于溺爱了。而孩子的成长、成才所需要的是父母有原则的爱，而非

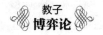

溺爱。殊不知，溺爱是一种无原则地给予孩子过多的爱的做法，它会让孩子在生活、学习中形成以"我"为中心的意识，以至于变得极度自私，缺乏社会责任感，在生活中缺乏尊重他人的概念，甚至会异常任性和粗暴。

刘克是全家人的宝贝疙瘩，爷爷奶奶、姥姥姥爷、爸爸妈妈全都把自己的爱给予了这个"小皇帝"。即使他自己能做的事，家人也都不让他自己动手。一开始，刘克还会对家人这种包办的做法给予反抗，比如妈妈要喂他饭吃的时候他会摇头，要自己拿勺子；姥姥要帮他背书包的时候，他要求自己背书包……但是随着家人过度的爱护，慢慢地让刘克养成了衣来伸手、饭来张口的坏习惯。从出生到现在幼儿园毕业，一家6口人始终都围着他团团转，稍微有点不顺心，刘克就大发脾气。

有一天早上，姥姥陪着姥爷去医院买药了，爷爷奶奶去了菜市场买菜，家里只有刘克和爸爸妈妈。妈妈为刘克及家人精心准备了早餐，是刘克最喜欢吃的果酱面包和鸡蛋汤。可是刘克却说今天不想吃这个，非要妈妈去给他做鸡蛋饼。

于是妈妈又赶紧做了鸡蛋饼，以为这下儿子该满意了。可是，还没等妈妈坐下来，刘克就吵着不吃鸡蛋饼了，要喝八宝粥。

这时候现熬八宝粥显然是来不及了，为了满足儿子的要求，爸爸赶紧跑到楼下的小卖部里买来一罐八宝粥。

折腾了半天，刘克终于吃上了满意的早餐，而爸爸妈妈却因为忙碌而顾不上吃了，他们只好空着肚子去了单位。

看了这个事例，我们该认为是刘克不懂事呢，还是家人教养无方呢？

从表面上看，刘克的确是个任性的孩子，他只顾满足自己的要求，而不去考虑父母，这样的孩子未免太过自私。可是，这种局面是刘克天生就有的吗？

答案显然是否定的。因为从小饱受家人的宠爱，刘克就逐渐形成了这样一种性格习惯。我们会注意到，类似刘克这样的溺爱型家庭出现上述事例中的场面一点都不新鲜。甚至有一些父母还会为此辩解："我们只是希望尽自己所能，给他最好的。"可事实上呢，过多的爱只会害了孩子，使之恃宠而骄，成为一个缺乏爱心和孝心的人。

因此，当你的孩子也出现事例中刘克这样任性或者发怒的时候，你不妨坦然接受，不要过于紧张。如果孩子一出现问题或者提出某种要求，你就立刻满足他或者安慰他，那么他就会依仗自己的无理要求得寸进尺，也就习惯性地用吵闹来解决问题。

可想而知，当这样的孩子进入集体环境，当独自面对周围的人和事的时候，谁还能够容忍他的肆无忌惮和无理取闹？这样的孩子怎么能够独自应对挫折和驾驭自己的人生呢？

一位农夫养了一只鹰，他对鹰照顾得无微不至，每一顿饭都给它吃得饱饱的，从没让它自己去捕过食。

鹰渐渐长大了，终于有一天它忍受不了小小的笼子，趁农夫不注意的时候逃走了。

丢了鹰之后，农夫伤心极了。他到处寻找，后来在山上发现了鹰的尸体。他不知道鹰是怎么死掉的，为了弄清楚原因，他剖开了鹰的腹部，结果让他恍然大悟。原来，鹰的腹内空空如也。原来，鹰由于一直养尊处优，因失去了猎食的能力而活活饿死了。

在动物界，当幼崽逐渐长大后，母亲都会以一种看似残酷的方式将孩

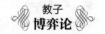

子赶出温暖的家，让他们自己练习着去飞翔、去捕食，这是自然界的生存法则。可是这只鹰却彻底丧失了自己在自然界中生存的本领，只落得饿死的下场。

看完这个故事，再对照一下过度保护孩子的家长们，是不是也把本该自由翱翔的"鹰"给锁在了笼中呢？生活中，对孩子无微不至地照顾，凡事能不让孩子动手就不让他动手，一切事情大包大揽……这些都是扼杀孩子生存本领的罪魁，让孩子失去了自己做事情的能力，让家长无意中把孩子囚禁到樊笼中而无法自强自立。

因此，作为一个真正对孩子负责的父母，一定要扔掉溺爱这个阻碍孩子健康成长的樊笼，适时对孩子说"不"。在劝说无效的情况下，我们要明确表示自己的态度：不合理的要求，再哭闹也不能满足。此时，父母们可以用冷处理的方法来终止孩子不合理的要求，绝不能对孩子百依百顺。

好父母教子妙策

1. 树立权威，设定界限

作为父母，要树立自己的权威，给孩子定出一个界限。这样，孩子就会逐渐明白，超越了界限爸爸妈妈是不允许的。比如，你的儿子已经有好几个"奥特曼"了，还想缠着你再买一个；你的女儿已经将一包刚打开的饼干用手揉捏碎了但不吃，还要求再打开一包新的；你已经为孩子讲完了约定好的两个童话故事，可他还要缠着你继续讲……这些时候，做父母的你是一定不能让步的。不让步的界限一旦界定，不管在什么样的时刻，也一定要将你的政策贯彻到底。

2. 物质补偿心理要不得

很多父母由于工作忙碌而少有时间陪孩子，所以会出于一种补偿心理，对孩子有求必应。但这样的补偿心理往往会引发对孩子的溺爱。因为父母这样做，孩子不但不珍惜自己所得到的东西，还会不尊重父母的给予，更不懂得与他人分享。所以说，这种给予方式是很严重的溺爱行为，日后极有可能对孩子造成负面影响，

3. 让孩子也知道父母的需求

虽然你是孩子的父母，但是并不一定要时时刻刻把孩子放在你生活的中心位置，总是围着他转。你完全可以告诉他：爸爸妈妈也有自己的事情需要处理，也有自己的需求。这样，孩子就会产生同理心，懂得为他人考虑。

希望孩子行动，他却只说不做

想法不付诸行动就将永远只是想法而已，把想法付诸实践才有可能产生实际效果。积极行动是取得成功的唯一途径。

为此，在陪伴孩子成长的过程中，尤其是面对一些大一点的孩子，父母会希望孩子多一些行动。但事实却是，很多孩子光说不做、言行不一，往往需要父母下"最后通牒"，才勉为其难地付诸行动。

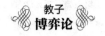

同样作为父母，正在阅读本书的你也请回想一下，有没有这种时候：自己要求孩子必须保证做到自己所说的话，实现自己所做的"承诺"？与此同时，我们却没有考虑孩子的具体情况，结果往往会造成孩子在被逼无奈下答应了，到头来还是没做到。于是，我们就会给孩子多加一个"罪名"——说话不算话。

其实，用这种方式去改变孩子的行为并不科学，也不十分合理，最终的结果也往往和我们的愿望背道而驰。要想真正让孩子将想法付诸行动，父母还得费一番脑筋。我们来看看下面这个案例中的妈妈是怎么做的吧！

郭涛是个聪明活泼的男孩，各方面表现都不错。可最近妈妈发现他身上存在一个很严重的问题：只说不做。他经常会有一些很好的想法，比如，有时候看见妈妈洗衣服累得腰疼了，他就会说："妈妈，以后我晚上自己洗袜子，不用您给我洗了。"可到了晚上睡觉的时候他又把脱下来的袜子扔到了妈妈面前。有时候他会这样告诉妈妈："妈妈，我同学他们都自己做了'三棱镜'，光线进到那里面就会变得五颜六色的，可好看了，周末我也要自己动手做一个。"可没过几天，他就央求爸爸去给自己买了一个回来。郭涛妈妈很担心他会一直这样下去，所以就准备找机会引导一下儿子。

一次，郭涛放学后对妈妈说："妈妈，我们就要期末考试了，明天早上6点钟你就叫我起床，我要起来复习功课。"妈妈知道郭涛平时就不爱早起，6点钟他肯定起不来，她心想正好就这个机会得和孩子谈谈。

果然，妈妈6点叫郭涛起床的时候，他翻了个身然后又睡着了。妈妈生气地把他的被子掀了起来说："不许睡了，你不是让我叫你起来学习吗？"郭涛迷迷糊糊地说："太早了妈妈，我还很困呢。"妈妈没理他，硬把他叫了起来。

洗漱完以后，妈妈把郭涛叫到了客厅，看见郭涛气呼呼的样子，她说："郭涛，妈妈发现你现在有一个毛病，就是平时的想法很多，但是从来都不去认真做。这是一个很不好的习惯。"郭涛看了看妈妈，没有说话。妈妈接着说："有想法是好的，这就说明你有要行动的意识，但是想法不付诸行动就永远只是想法而已。你明白吗？昨天晚上你告诉我6点叫你起床，那你今天就一定要6点起床，这样才说明你是一个想法和行动一致的优秀的人。"郭涛低着头，说："对不起，妈妈，以后我会改正的，我会做一个优秀的人的。"

故事中这位妈妈的做法是不是很值得借鉴？发现儿子只说不做的问题后，她没有立刻指责，而是找准时机进行了一番教导。这样，孩子就不会从心理上排斥大人的告诫，而且会更充分地认识到自己的错误，并努力改正。

当然，对于孩子说得多做得少的行为，父母不必太过焦虑。从心理学来看，意识和行为的发展一般来说是紧密相连的。意识决定着行为，行为又反过来体现着意识。

但是，由于孩子的认识发展跟不上，常常会造成认识和行为脱节的现象。这就容易导致孩子虽然知道自己的行为不对，但由于意志力薄弱、自制力不强，让他们说了不算、想到却做不到的情况时有发生。因此，对孩子这种"无信"行为，父母不要看成是道德败坏、撒谎等，更不要因此而打骂孩子。

要想让孩子有所进步，父母们不妨学一下上面案例中郭涛妈妈的做法，用循循善诱的方法，让孩子认识到自己的错误，并努力改正。

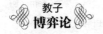
俗话说："千里之行，始于足下。"家长在针对言行不一这一点教育孩子的时候，一定要注意分辨孩子的问题出在哪里。如果是认知水平造成的"无意识"的"只说不做"，那么问题不大，可以帮助孩子提高认知；如果孩子的"只说不做"是有意识的，那么则要注意方法，改正和教育，否则，孩子容易形成纸上谈兵、不踏实的习性。

好父母教子妙策

1. 为孩子树立榜样，认识言行合一的重要性

父母作为孩子的第一任老师，应该在日常生活中注意自己的言行，一些暂时无法实现或尚不成熟的想法尽量不要当着孩子的面提出来。

2. 在生活实践中进行教育

对孩子光说不做、没有行动的行为，家长要及时指出，并讲明道理，不要因为孩子还小就纵容他的缺点。要在日常生活中督促孩子按自己的诺言去付出行动。比如，孩子和小伙伴约定下次出门的时候给他们带糖果，可是真的要送出去了孩子又表示舍不得。这时候，父母就要告诉他说话要算话，这样才能赢得别人的信任。

3. 努力提高孩子的认识水平

在成长过程中，孩子会越来越希望自己具有和成人一样甚至超过成人的能力。但由于受认识水平的限制，孩子的许多想法不可能真的实现，所以在这一过程中难免出现"言行不一"的现象。如果产生这一现象是由于孩子认识不清、把幻想当成现实而造成的，那么父母就应该让孩子分清真假、面对现实，鼓励孩子做有意义的事。

挫折是成功的序曲，父母为何不让孩子吃苦

虽然很多父母知道承受挫折对孩子成长的重要性，但是却因为出于"爱"孩子的心理，而不舍得让孩子承受挫折。父母们不知道，挫折是孩子将来成才、成功的先决条件之一，没有经历挫折的孩子势必像温室中的弱苗一般，无法承受风吹雨打。

著名作家狄更斯说过："顽强的意志力可以征服世界上任何一座高峰。"的确，顽强的意志使人既能自觉地按照一定的正确目的去行动，又能自觉地制止不符合要求的行动。而顽强意志的塑造则是和日常生活里的一次次战胜挫折的过程密不可分的。换言之，要想培养成功的优秀的孩子，少不了对坚强抗挫折能力的培养。

姜小飞从小被爷爷奶奶宠爱，承受不了一点委屈和挫折。现在都6岁多了，如果平时不小心摔跤划破点皮，他就号啕大哭。妈妈认为，儿子这样有点过于娇弱了，于是决定带他进行体育锻炼。

每天早晨，姜小飞家所住的小区里就多了这样一对晨练的母子。刚开始的时候，小飞只是玩一玩简单的体育器械，当看到妈妈及叔叔阿姨、爷爷奶奶们都认认真真地锻炼后，他也学着模仿起来。

一星期过后，妈妈征求小飞的意见，希望他参加晨跑。小飞答应了，就跟在妈妈后面跑上二十分钟。由姜小飞勤奋锻炼，得到了全家人的称赞，这让他颇有成就感。

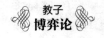

从那之后，再摔跤磕破皮什么的，姜小飞都不会像以前那样大哭不止了，而是拍拍身上的尘土继续站起来。

故事中，姜小飞的妈妈及时采取了"拯救"方案，很顺利地将娇弱的儿子培养成意志力强的孩子。

姜小飞是幸运的，但不得不承认，现在更多的孩子生活过于安逸，就像温室里的花朵一样，难以经受风吹雨打。不难想象，这样的孩子怎么能够适应"优胜劣汰"的残酷竞争？因此，聪明的家长应该像故事中姜小飞的妈妈那样，多让孩子经受一些磨练，以培养他们坚忍不拔的意志力，这样他们才能在未来的竞争中取胜。

甲和乙都是以种树为生的林木工人，有一年，他们俩同在戈壁滩上种树。工人甲对小树苗照顾得很细心，一直不辞辛苦地给小树施肥、浇水、松土；而工人乙却不这么用心，他只是隔三岔五地想起来给小树施肥、浇水。

他们俩种的树长得都还不错，郁郁葱葱，枝繁叶茂。

有一天夜里，忽然狂风大作，整个戈壁滩都被大风席卷了。直到第二天风才停了。这时候，工人甲和工人乙来看他们栽的小树。让他们惊讶的是，两片树木居然有明显的差别：工人甲种的小树被大风连根拔起倒在地上，工人乙种的小树则依然挺拔地竖立在戈壁滩上，只是被风刮断了几根小树枝。

看了这个故事，或许作为父母的你有些困惑：为什么同样枝繁叶茂的树会有如此的不同呢？为什么悉心照顾的树木会更容易被摧折呢？

这是因为，被照顾得细致入微的小树，它们不用费什么力气就得到了水分和肥料，根就不会向深处扎。而那些被照顾得"不那么好"的小树为了生存下去，就只好把根扎得更牢固、更稳当，只有这样它们才能找到足够的水分和养分。

这个道理是不是也适合父母们对孩子的教育呢？如果我们的孩子也像工人甲的树木那样在百般呵护下长大，没有经历风雨的机会，当遇到人生的风浪时就很容易被毁掉。

可以说，要想拥有一个坚强独立的孩子，我们就得舍得让孩子在困境中磨练，若如此，即使孩子面临风雨也会顽强地生存下来。这时候，你的孩子肯定不是玻璃和糖果了，而是一块历经磨炼的"顽石"。

❦ 好父母教子妙策 ❧

1. 用轻松的口吻激励孩子

很多孩子都有一个习惯，就是将困难放大化。原本一件简单的事情，但是由于涉及了比赛等方面，孩子就会感到不自信，因此丧失了尝试的勇气。这个时候，父母就应该帮他"砍除"杂念，利用轻松的语调告诉他成功根本不是问题，这样孩子就能理解父母的暗示，从而放松心态，继而在比赛中获得佳绩。

不仅是对于比赛，在平常生活中，父母也可以多暗示孩子"一定能成功"。例如孩子第一次洗碗，父母将具体步骤演示一遍后，可以对孩子说："你看，就是这么简单，你试一下，肯定能成功的！"但是如果父母总不断强调着各个细节，对他说："别把水弄到地上！别把盘子摔了！"那么孩子就会忘记自己能够成功的事实，反而变得畏首畏尾，甚至因为这

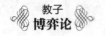

份紧张造成了不必要的麻烦。

2. 舍得适度让孩子吃苦

通常看来，在物质方面比较优越的孩子意志力往往较为薄弱。所以，在他们的成长过程中，父母不妨适当地让孩子吃些苦头，如上学不开车接送，而是让他自己去挤公交车，在炎炎烈日下不要想方设法找地方休息，而是让孩子继续赶路，或者参加武术、跆拳道等体育锻炼等，以培养孩子的意志和毅力，这对孩子将来适应竞争激烈的社会将大有裨益。

3. 经常进行"诱导式"表扬

孩子遇到困难或挫折时，意志消沉往往是难免的，家长要注意引导。试想，如果发现孩子不能坚持做完、做好一件事，父母就唠唠叨叨甚至讽刺挖苦，孩子的心里会怎么想？所以，家长应该在孩子做事情的时候细心地观察孩子，当看到孩子遇到困难而自己又难以克服时，可以提供必要的帮助；当发现孩子有进步时，也要不失时机地表扬。这样孩子就会产生愉悦感和自信心，从而对成功完成当前的任务更有决心。

逆境中的花开得更美，
别让孩子做温室中的弱苗

孩子好比美丽的花朵，父母们都希望自己的孩子沐浴温暖的阳光，得到雨露甘甜的滋润。于是，很多父母便把孩子放到"温室"里进行呵护，怕风吹着，怕雨淋着。然而，花儿是属于大自然的，孩子早晚一天要独自面临这个社会。所以，父母不妨把你的"小花"放逐大自然，让他经历一些风雨，让他明白，逆境中的花开得更美丽，经历过逆境的孩子才能像展翅翱翔的雄鹰，散发出一股不可打败的力量。

　　程子航在玩滑梯的时候不小心摔坏了腿。刚开始，他疼得厉害，躺在床上大哭大叫，等伤好点后，该练习走路了，程子航又因为脚放在地上触碰的疼痛而乱发脾气。

　　妈妈看到儿子这样非常心疼，内心的悲苦全都写在了脸上。儿子哭她也跟着哭，儿子不哭了，她的眼泪还在眼眶里打转。一看到妈妈的样子，程子航又觉得自己的脚疼得厉害，所以迟迟不肯下床走路。

　　程子航的爸爸劝说妈妈不要这样，并且主动要求自己带儿子几天。

　　爸爸不像妈妈那样悲苦，而是鼓励程子航重新站起来。在他一瘸一拐走路的时候，爸爸在一边模仿儿子走路的样子，还开玩笑说："这条伤腿给了我一个大礼物呢，如果不是身负重伤，我就无法体验一脚浅一脚深走路的滋味了，以后单位演小品，我一定申请扮演一个腿受伤的人，肯定演得非常像。"

　　程子航听了，不禁"扑哧"一声笑了，并且暗暗下决心，一定要让腿早点好起来。

　　此后不久的一天，程子航的妈妈下班回来后惊奇地发现，儿子居然满脸笑容地站在了自己面前，虽然走路还是有点瘸，但是进步很多了。妈妈看着勇敢的程子航，欣慰地笑了。

　　孩子们对于一些遭遇常常会将其放大无数倍，因为他只知道自己深陷逆境，不知道这个逆境的真实"底细"，也不知道这种"苦难"什么时候结束，会不会给自己造成严重的后果，于是他们会通过父母的态度来猜测和判断。

这样一来，父母的情绪会起着明显的导向性作用。上面的故事中程子航妈妈的态度显然给儿子面对逆境的时候蒙上了一层阴影，看到了不祥的预兆。所以，要想让孩子振作起来，父母的态度要先改变。

在这一点上，程子航的爸爸就做得很好，他的幽默使得阴沉的气氛变得明朗起来，使儿子接到了"我的伤并不严重"的信号。

其实，在每个孩子的人生旅途中，逆境都是其经历中不可或缺的一部分，能够抵抗逆境的人才能变得强大。所以，当孩子身处逆境的时候，父母们别受孩子情绪的影响，而应当积极乐观地看待问题，并用这种情绪影响孩子，让他相信自己能走出目前的困境，迎接美好的明天！

好父母教子妙策

1. 面对孩子的失败，父母先要承受得住

常有这样的景象出现在我们身边：孩子比赛失利，懊恼地掉眼泪，陪在旁边的父母无比心疼，于是上前安慰说："我们认为你是最好的。"在父母看来，这样会让孩子停止哭泣。而实际上恰恰相反，孩子会哭得更厉害。

这时候，孩子很可能从因为失败而难过而变成了认为裁判不公感到委屈。其实，这种想法的转变比哭泣本身更为严重。因为大人安慰的话语在孩子的心里其实已经翻译成："我是最好的，老师是不公平的，我再也不要参加了！"如此累积下去，孩子会更加认为自己没有输，开始抱怨别人

对待自己的不公。最后，就会把自己的失败归在裁判或他人的身上。这种心理严重些就会扭曲为自己的目空一切以及对社会的不满和仇视。

2. 鼓励孩子敢于向逆境下"战书"

通常情况下，孩子身处逆境时会产生消极情绪，对继续挑战下去没有信心，一心想着"撤退"。其实，这时候如果父母引导得当，能够鼓励孩子勇于向困难下"战书"的话，孩子很可能会重新振作起来，迎接挑战。

比如，当孩子爬山怕高、怕摔倒时，父母就鼓励她："别怕，你能行，摔一跤算什么，你会战胜山顶的。"当孩子害怕走平衡木、游泳时，父母告诉孩子："你可以的，战胜它，你就是最强大的。"……

通过这种向逆境下"战书"的做法，孩子会逐步树立起信心，想方设法去战胜困难，即使失败，他也能从中得到挑战苦难的畅快。当战胜一次次困难之后，孩子的勇气就会被培养起来，这会再次激发起他战胜逆境的愿望和信心。

孩子想要零花钱，父母偏不随意给

零花钱似乎已经成了每个孩子必不可少的"需求"之一。当孩子尝到花钱带来的满足之后，他们往往渴望得到越来越多的零花钱。面对这种情况，有的父母会毫不吝惜，要多少给多少。但也有一些父母会控制孩子关于零花钱的需要，只给孩子适度的零花钱，决不允许他想买什么

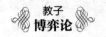

买什么。

对于前者来说，可能短时间内让孩子得到了满足，亲子关系也显得更加和谐。但是，长此以往就会让孩子形成错误的观念，比如让他们感受不到合理花钱，让他们无法懂得"钱不是大风刮来的"这一事实。而对于后者来说，只允许孩子购买需要的东西，只给孩子适度的零花钱，这样孩子能够在此过程中学会控制花钱的欲望，也会在父母的谆谆告诫中了解钱的来之不易。

显然，父母们都不希望孩子成为前者，而希望孩子成为后者。既然如此，我们就要在孩子年幼的时候在零花钱方面下一些功夫，让孩子有计划地支配金钱，同时还要引导孩子自己想办法赚取零花钱。

润润活泼开朗，爱好广泛。不久前她参加了学校里同学们自发组织的摄影沙龙。既然参加摄影沙龙，那首先得有架相机。妈妈很支持，把自己的便携式相机给了润润，并鼓励她好好拍摄照片。

不久后，润润所在的摄影沙龙要组织大家去山上拍摄风景。向来在活动中都积极踊跃的润润这次也不例外，她兴致勃勃地回家向妈妈要活动经费。可让她没想到的是，妈妈并没有像往常那样顺利给她经费，而是郑重地对她说："想参加活动可以，但费用要自理！"

听妈妈这么说，润润都要哭出声来了，她说："妈妈，我没有钱，我去年的压岁钱早就花光了！怎么办呢？"

妈妈并没有着急，而是温和地诱导她："现在你已经长大了，可以帮妈妈干家务活了，要不这样，从今天开始，妈妈每天晚上擦地板之前，你负责把地板上的脏东西用笤帚扫一扫。每扫一次妈妈奖励你1元钱。你觉得怎样？"

为了筹集参加这次摄影活动的资金，润润爽快地答应了，在正式上岗之前，妈妈认真地告诉她挣钱的规则：地必须扫干净，如果发现不认真，每次扣除五角钱，而且每次都要进行验收。

润润以前从没做过家务，这次机械而繁重的活让她感到很不适应。但为了攒钱，尽管期间产生了很多次抱怨，她还是坚持了下来，最后终于攒够了参加活动的钱，兴高采烈地去拍摄照片了。

润润的妈妈用做家务活的方法，让孩子学习自己赚取零花钱。虽然这种做法看上去有点"狠心"，但正是这种对孩子"明算账"的做法，使孩子逐渐懂得了赚钱的重要性和辛苦程度。相对于那些认为零花钱就应该是父母给的孩子，接受这样教育的孩子更容易坚强自立，更容易懂得"劳动和报酬"的关系，这对他们将来步入社会都是大有裨益的。

世界首富比尔·盖茨出身于美国西雅图一个富裕的律师家庭，他的父亲威廉一直很注重培养儿子"凭自己的本事打拼"的意识。

在一次媒体采访中，威廉这样说道："重要的是要让孩子知道自己能够赚钱，并且不管做什么事情都要有信心和干劲。"

盖茨还小的时候，每次帮父母做些事情后，父亲都会给他一些报酬。威廉认为，通过这种方式可以激发他的热情，让他懂得工作是通往幸福的台阶。

不仅如此，威廉还认为，这样做可以让孩子了解现实社会和外部世界，也可以让孩子感受到大家一起劳动、一起追求同一目标的快乐。

盖茨父亲的做法是值得父母们学习的。我们要认识到，让孩子通过劳

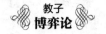

动来赚钱并不是一件坏事，这是融入社会的一种方式。当孩子有了这种行为，他就能更好地了解社会，懂得如何去挣钱，如何为社会创造财富。如果说无钱可花是一种悲哀，那么在孩子小的时候，父母无限制给钱而不教会他如何赚钱和合理花钱，则是巨大的悲哀。

好父母教子妙策

1. 多向外国家长"取取经"

在西方国家，很多父母在对待孩子零用钱问题上的做法很值得中国的父母们借鉴。他们大多十分重视从小对孩子自力更生习惯的培养。在孩子几岁大的时候就会让他认识到劳动的价值，并让他自己动手修理自己的玩具，到外面参加劳动。因为她们懂得，只有让孩子使用自己劳动所得的钱，才会让他们感到劳动的意义，也会更加珍惜来之不易的金钱。

因此，父母们要让孩子意识到劳动和工作的重要性，并让他明白，想要获得报酬就要辛勤工作。只有工作才能够获取报酬，才能买玩具、衣服以及所有物品。在帮助孩子了解这一点之后，父母们可以建议他在自己的义务之外，做一些类似上述故事中润润所做的额外的家务活，以此来获得报酬。

2. 帮孩子寻找"挣钱"的机会

较小一些的孩子或"商业意识"不那么强烈的孩子，往往不容易发现挣钱的机会。作为父母，有必要帮助孩子寻找挣钱的机会，否则"零花钱，自己赚"就成了一句空话，达不到教育的目的。

实际上，日常生活中并不缺少让孩子自己赚取零花钱的机会，而有胆有谋的孩子也并不缺少勇气和力量，他们所缺乏的仅仅是来自父母的正确引导。比如，我们可以让孩子捡饮料瓶或者纸壳板，也可以让孩子帮附近的商铺发一些广告宣传彩页，或者干脆让孩子在家里做家务，按劳计酬。这些都是帮助孩子赚钱的不错方式呢！

第四章

关于学习，
总有那么多的不一致

你让孩子主动学，可他却"厌学"

学习是一种兴趣的培养

父母过于注重分数，孩子反而不容易考高分

催逼无好果，应顺应孩子天性发展

不要总说"别人家的孩子"好

不要限制孩子看课外书

孩子也需要休息放松，劳逸结合效率高

有想象力的孩子，思想才会"飞翔"

你让孩子主动学，可他却"厌学"

每一个父母都希望孩子能够主动去学习。确实，养成自觉主动学习的习惯是优秀孩子的必备品质，自觉主动的学习习惯其实就是一种新概念的学习理念，即孩子不再受父母、老师的监督和督促被动学习，而是自己从内心里自愿、积极、主动地去求知识和学习。联合国教科文组织在《学会生存宣言》中指出："未来的文盲不是不识字的人，是不懂得主动学习的人。"

望子成龙的父母们当然希望孩子摆脱爱依赖的缺点，能自觉主动地去学习，积极主动地去求知，开掘出自身的潜能。但很多时候，孩子们并不如父母所愿，看上去总是一副只知道玩闹、对学习丝毫提不起兴趣的样子。

但是，如果做父母的能够巧妙运用教子策略，让孩子走上自觉学习的习惯，提升学习成绩就成了一件非常容易的事情。

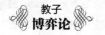

　　当年，顺利升入北大的成都市学生曹越被老师和同学称为"数学天才"，他在一个月内自学完高中数学，并数次获得中国数学奥林匹克竞赛一等奖。很多家长请教曹越的父亲，到底有什么教子秘诀让儿子取得了这么大的成功。

　　"让孩子主动去学习才是开发智力的最佳境界。"曹越父亲如是说。

　　原来，曹越的爸爸从不认为自己的儿子是数学天才，"人之初，性本学"实际上他只是引导儿子主动去学习，激发了其强烈的好奇心和学习兴趣，所以儿子能主动去学习知识，探究问题，领悟新知识。

　　曹越上高一时，在爸爸的启发下对数学有了兴趣。由于有了学习的原动力，他用了半个学期就找到了适合高中学习的方法。到寒假时他已经掌握了破解难题的秘诀，利用寒假时间就主动把剩下的高中数学自学完了。

　　有人问曹越的爸爸："你是不是会强迫儿子多学习、多做作业啊？正所谓一分辛苦，一分收获嘛。"

　　曹爸爸则表示，自己真没有逼迫儿子学习过，比如曹越今天不想做作业，就干脆让他上网、看漫画甚至和同学煲"电话粥"。他知道曹越跟同学打电话、上网聊天，都是在比拼成绩、探讨学习技巧，会在不自觉中参与了学习，激发出学习兴趣。

　　其实，所谓的自觉主动学习就是自主教育，而做到这一步也不难，只要父母放开手、多启发和引导，让孩子变被动为主动，多尝试、多经历、多解决，就能够爱上学习、自动自发地学习。

好父母教子妙策

1. 培养孩子学习时候的专注精神

很多孩子对学习提不起兴趣，往往把学习当作应付任务，在课堂上，他们听讲不认真，老爱走神，交头接耳，小动作不断，平时更是厌倦做作业，做作业时往往投机取巧，拖拖拉拉，能混则混，应付交差，能少做一题决不多做半题，甚至上网查询、打电话问同学，或直接抄答案，有的甚至专门花钱雇人做作业。

很多家长看到这些现象往往抱怨孩子学习不自觉，让人操心，却很少意识到，孩子之所以这样正与自己平时的教育有关。

在平时学习的过程中，应该注意以下几个问题，以免影响孩子的学习效果：

当孩子学习的时候，给他一个安静的学习环境，家长最好不要看电视，可以看看书报或干些家务活等；孩子做功课的时候也不可允许孩子边玩边做，甚至边看电视边学习的行为必须制止；不要总给孩子讲学习的道理，往往家长道理讲得越多，孩子的逆反心理就越重；不要逼孩子学过长时间，做太多老师布置以外的作业，以免孩子对学习产生反感，只要孩子能把老师布置的作业做会即可；让孩子劳逸结合，不可一味地学习，不会休息就不会工作，学习一段时间后，可以提醒孩子离开书桌适当休息一下，然后再继续学习；做功课的休息时间不要超过10分钟，例如如果做功课一共需要两个小时的话，以学习二十分钟、休息十分钟为佳。

2. 戒除孩子的依赖心理

常常听很多父母亲抱怨自己的孩子学习不自觉，总是让大人操心。并且很多老师也纷纷反映，很多孩子学习的依赖性特别强，从收拾书包到做

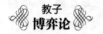
作业，处处都需要有家长的参与才能完成。这种家长过于包办的情况往往导致孩子的自主学习能力越来越差。如果孩子缺乏自主学习的能力，会直接影响成绩的提高和自信心的形成，严重的还可能引起厌学情绪。

这主要是由于现在的孩子大都是家中的独苗，平日里已经习惯了作为全家的中心而存在，不仅在生活中可以衣来伸手饭来张口，在学习上也可以做到"振臂一呼，云集响应"的效果，所以这种环境下的孩子往往根本就不会自己动脑子去思考问题，因为每当难题出现时，家长们便立即给上阵解围了。孩子们自己解决学习问题、考虑学习难题的机会都被家长们抢走了。

所以，作为父母，对于孩子的学习方面应多放手，任由孩子自己去努力解决各种问题，才能解除孩子的依赖心理，让他们自己独立成长起来，养成自主学习的好习惯。

学习是一种兴趣的培养

在如今的家庭中，大多数父母都是有一定文化素养的，因此对于孩子的培养和教育也很注重科学的方式和方法。父母们也大都知道，想让孩子学好某项技艺或某一个科目，培养其兴趣是关键所在。

可是我们发现，仍有一些父母太过急功近利，望子成龙心切，他们为了培养出高素质的孩子，不惜花费很多金钱和精力让孩子上各种"兴趣班"，却没有考虑孩子是否有这方面的兴趣和潜质。于是，很多孩子会因为被逼迫去学习而无法投入状态，结果必然令父母大失所望。

因此，我们要对这些父母说，虽然望子成龙、望女成凤是人之常情，但若是违背孩子的天性，去强迫孩子接受一种"技能"，等于在无意中扼杀了孩子自身的兴趣。如此一来，是不是有"舍本逐末"之嫌呢?

张航的妈妈前些日子给儿子报了钢琴班。可是上了不到一个月的课，张航就说不想学了。他说自己根本不适合弹琴，倒不如学习下棋什么的。

可是，他的妈妈却认为弹钢琴是一项很高雅的活动，而且有助于孩子左右脑的开发，所以坚持让儿子学琴。

在外地出差的爸爸回来了，听说了儿子学琴的情况后，对妻子说："不必着急，还是顺其自然吧! 孩子没兴趣，你急也是白急呀!"

妈妈虽然仍然心有不甘，但想想丈夫的话也对，于是她转变了自己的看法。她分析了儿子学琴失败的原因，认为自己应该以理性的态度去面对孩子的行为。同时，她通过阅读有关家庭教育的书籍调整了自己的教育观念，决定在家庭中营造一种家庭艺术氛围，让孩子在温馨、愉快的气氛中学一些知识，这样好过强迫孩子去养成什么兴趣。

张航的爸爸爱好绘画和书法，每到空闲的时候都会临摹、画画等。原本张航的妈妈是不同意让孩子学这个的，她说画画不实用，即使学了将来也没发展。可张航却喜欢时常在爸爸画画或写字的时候观看。久而久之，爸爸所做的事逐渐引起了他的兴趣。终于，张航主动向爸爸提出："爸爸，我想学写字，你教我吧!"

对于儿子的这一反应，爸爸妈妈虽然很高兴，但也没当一回事，只是抱着试一试的态度让他跟爸爸学。出乎意料的是，张航学写字非常成功。

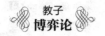

两个月后，他的隶书便写得很像样了。练字虽然是枯燥的，但是张航却乐此不疲，他对于书法的兴趣始终未减，在9岁和10岁那两年还拿了好几个书法奖呢！

教育界有句名言：兴趣是最好的老师。从张航的事例我们可以看出，一个孩子如果能做他感兴趣的事，那么他就会充分发挥自己的主观能动性。就算是此间的过程充满辛劳，他也会兴致勃勃、心情愉快地去做；即便是困难重重，他也绝不会灰心丧气，而是积极地想办法，百折不挠地去克服它。

换句话说，如果父母们能让孩子学习他们感兴趣的东西，那么就算充满苦和累，孩子也不会觉得太辛苦，反倒觉得是在玩游戏。

一位教育家说过："天才的秘密在于强烈的兴趣和爱好及由此产生的无限热情。"这句话所反映的也是同样的道理。伟大的发明家爱迪生就是一个很好的例子。

据说，爱迪生几乎每天都在他的实验室工作长达18个小时，他还在里面吃饭、睡觉。尽管如此，他却从不觉得有丝毫苦累，他甚至说："我一生中从未做过一天工作。"他说自己"每天都其乐无穷"。如此看来，爱迪生取得举世瞩目的成就也就不算什么稀奇的事了。

有一位专写儿童教育图书的美国作者，她很注重顺其自然培养孩子的兴趣，比如，在与儿子洛克一起逛商店、公园或一起到树林里散步的时候，她都会留心洛克对什么感兴趣：在商店里，她会观察洛克喜欢在哪些区域逛，会在什么商品面前驻足停留，仔细观察；在公园里，洛克会对哪种植物感兴趣，对什么景物比较喜欢；在树林里，洛克听到什么鸟儿的叫声时会有比较敏感的反应等等。不仅如此，妈妈还会和他一起写字、画画、读书、做手工、修理日用品、做家务等。

通过与妈妈的共同活动，洛克的兴趣指向就较为明显地体现出来，而洛克的妈妈也就从中发现了儿子的天赋所在。

此外，洛克的妈妈还会创造条件培养孩子多方面的兴趣，比如为了培养孩子对于语言文字的兴趣，她经常和洛克一起玩成语接龙的游戏；为了培养儿子学习数学的兴趣，她会和孩子一起玩一些数字游戏。

在妈妈的引导下，洛克在很多方面都有了浓厚的兴趣，知识也丰富起来。

可见，兴趣对于孩子的学习可起到很强的促进作用，它会使孩子不自觉地就对自己感兴趣的事物深入钻研，还能够让孩子充分发挥出自己的想象力，进行创造性的思维。

当然，对兴趣的培养不可以以父母们的意志为转移，而应遵循孩子自身的条件和情况。如果要培养的兴趣正好与孩子原本的兴趣巧合，那就如鱼得水，被孩子所接受，获得极佳效果。倘若这种硬生生培养出来的兴趣与孩子原本的兴趣相悖，那就会南辕北辙，被孩子拒绝，在二者的抗衡打拼中两败俱伤。所以，父母们要充分尊重孩子潜在的能力倾向和意愿倾向，顺其自然地培养孩子的兴趣和长处。

好父母教子妙策

1. 不要"逼迫"孩子去养成某种"兴趣"

孩子都是有逆反心理的，如果父母逼着他去做某件事，那他肯定是心不甘情不愿的，而结果也往往不好。正确的做法是，对孩子兴趣的培养应在孩子"自然"感兴趣的基础上，帮助孩子开阔视野，增加"纵向深度"，对孩子的兴趣加以引导，让孩子尽可能地体验到成功的喜悦。

2. 让孩子在娱乐中学习

现在的益智玩具如此之多，各种活动也是五花八门。那么，为了让孩子玩一些曾经没玩过的东西，父母们有必要多采取措施，不是教孩子怎样玩，而是采取让孩子自主学习的方法。这样孩子通过自己摸索和操作，就会更有兴趣地投入到学习中去，掌握学习的方法也就顺其自然了。

3. 让孩子在学习中娱乐

父母们让孩子在学习的时候要讲究方法，让学习也变成一种娱乐，比如，让孩子自己与自己比赛，在孩子做题的时候，跟孩子说如果明天做完一套题的速度比今天快，那么明天就给他一个小礼物。或者给孩子读一些跟教科书有关的课外书，孩子在学习，同时又是在娱乐。

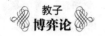

父母过于注重分数，孩子反而不容易考高分

一谈到孩子，父母们往往会少不了交流一下孩子的学习成绩，比如："你家儿子期末考试多少分啊？"

"你女儿好像和我女儿一个班，这个学期的成绩下来了，我们考得不理想，你们考了第几名？"

"我家儿子的英语很差，听说你女儿考到了90分以上呢？你平时是怎么教育的啊？"

"我们家学习一直很好，基本都是双百分！"……

从这些谈话中不难看出，父母们极为关心的话题就是——孩子的分数。高分孩子的父母显得洋洋得意，而分数低的孩子的父母总是有些难为情。考试成绩成了父母们评判孩子的唯一标准，孩子考得好，父母大加赞扬，孩子考得差就暴跳如雷。

留意一下我们会注意到，面对孩子的成绩，很多父母不能保持平和的心态，也时常教育孩子："快期末考试了，你要好好复习，争取拿双百分，考好了有奖励，如果考不好，什么也别想！"

"听说你们今天的考试成绩下来了，把成绩单拿给我看看……就考这成绩啊？越来越没出息，也别想考什么大学了！"

"看看你考的分数，从明天起，你不许玩，不许看电视，只能给我好好学习，什么时候分数上去了，什么时候再想别的！"

照理说，父母关心孩子的学习分数是无可厚非的，但是并非每一位家长都能使自己的关心成为孩子学习的动力。有调查显示，目前社会上家长对分数的态度以及由此引起的某些行为确有不科学的现象存在。这些现象直接影响了孩子的学习。不但没能促使孩子更爱学习，取得更好的成绩，反而让一些孩子更讨厌学习，分数也就不升反降。

其实，如果父母对孩子的学习分数采取理智、科学、平和的态度，则会对孩子的学习产生巨大的动力。一般情况下，父母对孩子分数的认识误区主要来自以下两个方面：一方面是夸大分数的功能，用分数的高低作为判断学习好坏的唯一标准。有些父母看到孩子的分数比上次高了就喜出望外，又是承诺买东西，又是承诺带他到哪儿玩。在这些父母看来，孩子在

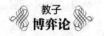

学习上下了功夫、学习成绩进步了，就等于孩子懂事了，在学校各方面表现也肯定良好。还有的家长看到孩子进步就大加赞扬，甚至放松了对孩子的督促，对其缺点视而不见。

与此相反，假如孩子的成绩比上次低了几分，父母就大骂他"没出息""不争气""不懂事""太笨""没希望"等，甚至认定，孩子成绩这么差，更别说道德品质、行为习惯了，在学校表现也一定很糟糕。所以会对孩子大加批评甚至恶语相向，伤害孩子的自尊心。

另外，有些父母常常把孩子的分数作为在同事、朋友、亲戚面前"露脸""争面子"的重要内容。如果孩子分数高，就觉得自己很有面子、很光彩，于是大肆宣扬；如果分数不尽如人意，就羞于谈起，觉得很丢人，认为孩子没教育好，出门都觉得比别人家孩子矮半截。

家长们的这些行为实际上都是因为自己没有考虑到分数的多种作用，迫使孩子以获取高分作为学习的唯一目的，忽视了道德品质、身体素质等方面的发展，也忽视了孩子的个性和能力差异的存在，形成了对孩子学习的巨大压力，导致有些孩子在没有能力取得高分的情况下开始不择手段：作弊、修改考试分数、隐瞒考试成绩等欺骗家长的行为。这样一来，孩子的学习成绩不但没有提到提高，而且影响了孩子身心的健康发展。

另一方面，父母们对分数进行片面分析，会总结出错误的结论。

很多父母对影响学习的一些因素不了解，机械地比较同一门学科前后考试的得分情况，以此来判断孩子对这门学科的掌握程度和努力程度，从而来推断孩子身上的缺点。

家长没有正确分析考试分数，容易被表面现象所迷惑，最终导致孩子走入学习的误区，甚至使孩子失去学习的兴趣。如果父母一味根据一次成绩的高低去指导孩子分配学习时间和精力，就会使孩子无法正视困难，得不到正确的帮助，问题也得不到解决。久而久之，大问题就会暴露出来，但已经无法挽回了。

所以，对于孩子的学习分数，父母应该换一个角度去思考，使分数成为孩子学习的催化剂，使孩子释放压力，正确面对自己的学习成绩。

好父母教子妙策

1. 耐心地给孩子帮助和指导

生活中常有这样的现象：每当孩子将他糟糕的成绩单拿回家找家长签字的时候，父母往往眼睛只是盯着分数的高低，分数高就乐得眉开眼笑，分数低了就火冒三丈，轻则训斥、羞辱，重则打骂。从科学教育的角度来讲，这样的做法显然是不妥的。

作为父母，应该理智地对待孩子的分数，好好分析孩子考试成绩差的原因，而不是不分青红皂白就是一顿"狂风暴雨"。这样容易引起孩子的反叛情绪，以至于对学习失去兴趣，甚至进入恶性循环——你越打骂，他的学习成绩就越差。

所以，当孩子在学习上遇到困难时，我们应该和孩子一起面对成绩不如意的事实，一起承受孩子的学习压力。在帮助孩子分析失败的原因时，要肯定他的优点和长处，调动起他的学习积极性，激发起他的学习兴趣，让他有坚定的信心学下去。

2. 了解真实情况，以免错怪孩子

有时候，我们不知道孩子这次的成绩为什么比上次低了，原因可能很多，比如这次考题比较难、老师打错了分、孩子生病了等。在这种情况下，家长一定不要着急上火，劈头盖脸地把孩子批评一番，可以请求"外

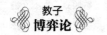
援"的帮助，比如悄悄找女儿的老师了解一下情况。

玲玲的成绩非常好，尤其是语文，每次考试几乎都在90分以上。但是这天玲玲回到家很沮丧，经过爸爸询问才知道，玲玲这次语文只得了71分。

听到这个分数，爸爸脑袋一懵，第一印象是"玲玲这段时间没好好学习，或者因为之前分数好，有点骄傲"，爸爸想到这些不免有些生气，但还是克制住了，他没有批评女儿，而是心平气和地问："女儿啊，你认为你这次成绩下降的原因是什么呢？"

玲玲从没遇到过这样的情况，爸爸一问就结结巴巴说不出来。

等女儿跟妈妈出去散步的时候，爸爸悄悄给玲玲的语文老师打了个电话问情况。老师说："同学们这次的分数普遍偏低，因为题目有点难，这次试卷上文言文的东西稍微多一些，作文题目是大多数同学没有经历过的事，所以包括玲玲在内的好学生都没有把作文写好，分数自然就低了。"

爸爸这才恍然大悟。等玲玲回来后，爸爸说："我看了你的试卷了，题目有些难啊，是不是其他同学也考得不好呢？"

玲玲点点头说："作文我也写得不好，文言文学得不扎实。"

爸爸拍拍玲玲的肩膀说："没关系，既然你找到了缺点，下次就从这里努力吧。"

催逼无好果，应顺应孩子天性发展

不少家长为了让孩子爱学习，经常会在孩子耳边唠叨学习的重要性，或者催逼孩子去学习，争取高分。

父母们渴望孩子优秀的心理是可以理解的，毕竟现代社会竞争激烈，如果孩子没有上进心，不善于学习，那么将来就可能缺乏竞争力，以至被别人落在身后。

可是，父母们对孩子强行施加压力，真的能帮助孩子爱上学习，进而提高学习成绩吗？

很遗憾地告诉大家：答案是否定的。

这是因为，父母的催逼事实上只会给孩子带来痛苦、反抗，使孩子的学习和心理都受到损害。

所以，为了使孩子健康顺利地成长，父母们极有必要掌握减轻催逼、远离催逼的有效策略。

美国著名教育家卡尔·维特在自己的一本书里讲到这方面问题时，叙述了这样一个故事：

小卡尔刚出生不久，格拉彼茨牧师来到他们家。在发现小卡尔并不是一个机灵的孩子之后，格拉彼茨牧师有些担心起来。他对父亲卡尔·威特说："威特先生，您知道，我一直相信您的说法，也一直支持您的教育观点。可是现在，我真为您担心。"

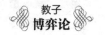

卡尔·威特已经猜到他担心的是什么，不过他还是想让牧师亲口说出来，于是就问道："担心什么呢，格拉彼茨牧师？"

格拉彼茨牧师说道："请原谅，我知道这样说会使你感到难受，但我不能在事实面前装作什么也没看出来。"

"哦，格拉彼茨牧师，请直说。"

"我看得出来，小卡尔显得并不那么聪明。虽然这是令人遗憾的事，但我想，我们都应该面对这个事实。"格拉彼茨牧师说道。

"是的，小卡尔的确不太聪明，但我并不认为这是决定性因素。"卡尔·威特回答。

"当然，先天不算太聪明，并不意味着他永远也不聪明。不过，这样一来，您必须付出加倍的努力。"格拉彼茨牧师鼓励说。卡尔·威特默默地点了点头，表示同意他的说法。

"我不妨给你出一个主意，"格拉彼茨牧师继续说道，"既然孩子不太聪明，现在唯有把全部的希望寄托在他的后天培养上。我的意思是从现在起，您和您的妻子包括您的儿子都要准备做出某种牺牲。"

"牺牲？"卡尔·威特不解地看着他，等待他做出进一步的解释。

"既然孩子先天不太聪明，那么你就应该充分利用后天的教育来改变他。你应该让他受到比其他孩子更严格的训练，甚至是残酷的训练。这样虽然会牺牲他享受一般孩子那种美好童年的权利，但一定会对他的将来有好处。至于您和您的妻子更应该为此做出牺牲，比如牺牲小家庭之间的夫妻的温情等。"格拉彼茨牧师认真地说。

"天哪！格拉彼茨牧师，你怎么会这么想？"听完格拉彼茨牧师的话，卡尔·威特立刻否定了他的观点，"这种牺牲有什么意义？难道还有什么比幸福的生活本身更重要的吗？"

"难道孩子的前途不重要吗？"格拉彼茨牧师问道。

卡尔·威特肯定地回答道："孩子的前途当然重要，可是不要忘了，您的这种观点根本不可能使孩子健康成长。相反，它只会使孩子既没有享受到童年的幸福，也不会学到他所必需的一切知识。任何催逼和急功近利的做法只能带来一种后果，那就是毁了孩子。"

想想看，如果你站在卡尔·威特的位置，聆听了这样一段对自己孩子评价的话和建议，你会怎么想？相信有很多妈妈都会笃定地按照格拉彼茨牧师的建议去做，而不会像卡尔·威特这样反驳牧师的观点，坚持遵循孩子的天性，永远不去催逼。

事实上，给予孩子过度的催逼没有任何积极的意义。它不但会困扰孩子学习成绩的提高，而且还会对孩子的身心造成极大的摧残和伤害。

正确的教育方法是极其重要的。如果实施了错误的教育法，不要说禀赋一般的孩子了，就是拥有高超禀赋的孩子也会被扼杀掉。因此，家长们要想让孩子成才、成功，必须采用顺应孩子本身发展规律的方法，而不是过度催逼——这一与孩子的良好发展背道而驰的教育方法。

❸ 好父母教子妙策 ❸

1. 不要随大流，认真而客观地对待自己的孩子

家长们看到琳琅满目的孩子的用品、服装、食品等时往往都控制不住，给孩子买这买那。看到别的孩子有，自己的孩子也不能亏待了，索性掏出钱包，不吝购买。

实际上，这样做纯属随大流。真正智慧的父母会根据孩子自身的情况

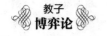
和家庭条件等因素，帮孩子选择最适合他的东西。具体来讲，家长们可以遵循以下几点原则：

第一，从饮食上来讲，最好给孩子吃绿色食品。这是保证生理上防止激素等有害物质对孩子身体产生影响的重要措施。

第二，适当地要求孩子即可，不要超过他的能力范围。

第三，妈妈要沉稳，不要人云亦云，不要因为人家怎么样、电视上怎么样、广告怎么样，就认为自己的孩子一定怎么样。

2. 不要套用别人的模式，只让孩子做他自己

世界上没有两片完全相同的树叶，同样，世界上也没有完全相同的两个孩子。每个孩子，不管言语还是行事、社交都有一套属于他自己的模式。我们不排除必要的规矩，但是也不要以大众的标准、要求去束缚孩子。

所以，为了保证自己的孩子拥有轻松的心理，父母们应尽己所能地为孩子创造一个真正充满爱的环境，让孩子真正做一个孩子，而不是承担超出年龄负荷的心理压力。

3. 多带孩子走进大自然，帮他缓解内心的压力

一位教育家说过，孩子是属于自然的。在大自然中，孩子会融入其中，放飞心灵。所以，在平日的生活中，家长们可以多抽时间走进自然，让孩子一周以来因学习而紧绷的神经得以放松，这样才有利于孩子用更饱满的精力投入新的学习中去。

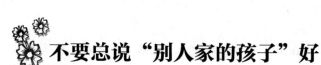

不要总说"别人家的孩子"好

或许是现代家庭多是一个子女导致关注焦点过于集中的缘故，或许是因为社会激烈竞争的残酷，很多家长都将那句"不能让孩子输在起跑线上"奉为圭臬，时时处处怕自己的孩子落于人后。这种心理状态直接衍生出了一种行为模式，即攀比。

不得不承认，攀比似乎是人的通病，大到升职加薪、买房买车，小到谁家生了孙子、谁家的宠物狗更温顺等。

同样，生活中我们也可以见到很多家长喜欢拿自己的孩子和别人的孩子做比较。她们常以充满赞叹的口吻对自己的孩子说"你看看某某多聪明""你看看你同桌""楼上王叔叔家的佟佟比你有礼貌"之类的话。这种说法假如作为一种教育策略，合理引导的话可能有利于激发孩子的上进心，因为小伙伴作为正面榜样会对孩子带来积极的影响。但如果家长们出于严重的攀比心理，忽视孩子之间的个性差异的话，那么孩子就很可能成为模式化教育的牺牲品。

杨女士是一位教子有方的妈妈，她的儿子浩博不但综合素质较同龄孩子高，而且学习成绩也非常优异。即使有时候遭遇失败，浩博也能够很快振作起来，分析失败的原因，寻求解决的方法。

而他的两个邻居小朋友就没这么幸运了。那两个女孩子是同班同学，两人从小一起长大，各方面的成绩都比较出色，她们的妈妈经常暗地里

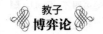

"攀比女儿"。当对方的孩子取得了比自己孩子优异的成绩，她们就会教训自己的孩子。

这在杨女士看来，实在是极为愚蠢的做法。她从不会拿别人的孩子来和自己的孩子做比较，即使浩博做得不如其他孩子好。或许正是妈妈的这种做法，浩博一直都很自信，即使遇到挫折也不会轻易放弃。

杨女士认为，作为父母，应该从内心深处杜绝"攀比孩子"的想法，不要用别的孩子当例子来给自己孩子压力，要用一颗平常心来对待孩子暂时的不足，对孩子多一些鼓励，多一些赏识。良好的教育意识与能力应该成为每一位家长的自觉追求。

可以说，爱攀比的家长都有一颗望子成龙的"痴心"。然而，那些无谓的攀比所起的作用无非是慢慢毁掉孩子的自信心。

因为哪个孩子都不愿意被别人说差，他们都希望得到周围人的认可和肯定，尤其是来自他们最信任的家长的肯定。孩子们会从成人的评价里获得对自己的认识。如果家长总是强调孩子比别人差，就会使孩子经常自我否定，以至于让孩子在成长中遇到困难就恐慌、退缩。如此，孩子的心理必然会受到伤害。

实际上，在孩子们的心中是有着好胜的天性的。对周围熟悉的同伴，孩子往往比父母更了解对方，知道那个孩子有父母不知道的缺点，甚至觉得对方并不值得自己向他学习。这样一来，听到家长表扬对方时孩子很可能不为所动。更何况，孩子本身也不是很希望自己总被父母拿来和别的孩子比较，他们从内心里十分厌恶这样的做法。长此以往，孩子的逆反心理也就油然而生了。

事实上，父母们盲目攀比是一种对自己的孩子缺乏信心的表现。我们应该做的不是攀比，而是认真地研究一下自己的孩子为什么不如别人，自己的孩子有哪些地方是比别人强的。如果你不希望自己的孩子在挫折面前丧失信心，觉得自己不如别人，甚至对父母产生憎恨，就按照我们的建议去做吧！

好父母教子妙策

1. 相信自己的孩子是独一无二的

人外有人、天外有天，如果家长要拿自己的孩子和每个孩子都来比较的话，不可能总是自己的孩子是最优秀的。但是家长们需要认识到，每个孩子都是有自己的长处和短处。盲目攀比只会抹杀孩子的个性、打击孩子的自信，对孩子的成长是绝无好处的。

2. 纵向比较，而不是横向比较

每个孩子都有自己的潜力和特质，随着一天天的成长，这些潜力和特质会更多地体现出来。我们需要做的不是去和别的孩子做横向的比较，而是让孩子和他自己进行比较。看看曾经的他是什么样，现在比当初有了多少进步。这样一来，不但父母能感受到孩子的进步，孩子自己也会因此而更加自信。

3. 尊重孩子的天性

每个人有每个人的特点和优势，父母们要尊重自己孩子的天性，不要盲目跟风，人家孩子学这个我就让自己的孩子学这个，人家孩子上北大我就让自己孩子上清华，这样的做法都是不可取的。其实，做父母的只有找到适合自己孩子的发展道路，按照孩子的天性去培养，让孩子按照他自己的规律去成长，孩子才可能获得幸福和成功。

4. 培养孩子的个性

事实上，每个孩子都是独立的个体，和其他人没有太多的可比性。让孩子学习别人的优点固然重要，但是成长为一个有独特个性的人更重要。无论如何，我们都要鼓励孩子在生命的交响乐中演奏属于自己的乐章，而不要人云亦云、盲目跟风。这样才能够使孩子的潜能发挥到最大，使孩子的自信心增强，孩子才更容易取得成功和获得快乐。

不要限制孩子看课外书

读书是一种心灵的活动，它能影响人的心灵，而人的心灵和人的气质又是相通的。因此，读书可以改变一个人的气质，也可以培养一个有高尚心灵的人。引导孩子爱读书是每个父母的责任，孩子一旦对读书产生了浓厚的兴趣，就会燃起求知的智慧之火，这样也就为孩子的成功铺设了一条道路。

但是，很多家长却反对孩子阅读课外书。他们觉得有这份精力还不如投入到平时课程的学习上，那样才能直接对提升分数有帮助。所以，我们会看到一些家长限制孩子看"闲"书，要么不给钱买书，要么看到孩子看就给没收。

其实，这样的做法是很不明智的，更是不科学的。俗话说得好，"腹有诗书气自华"，博览群书对培养孩子的气质是非常重要的。一个从小就喜欢阅读的孩子不仅可以提高知识面、求知欲、思考能力和感知能力，形成正确的人生观和价值观，在读书的同时，他还可以体验到更为丰富的情感，为自己增添一种知识的魅力，成为一个既有内涵又散发着书香之气的优秀之人。

朗宇是个小学五年级的学生，但他跟别人聊起天来一点都不像小学生，他的知识量十分丰富，天文地理新闻时政他都知道，为此被老师和同学称为"小神通"。

今年，朗宇在全市的作文大赛中获得了第一名。很多家长纷纷问朗宇的爸爸："你是怎么让儿子这么厉害的呀，我家孩子连作文都写不好。""谈谈你的经验吧，我都被我家儿子愁死了，他除了爱踢球，什么都不愿意干，更别说学习了。"……

朗宇爸爸总是笑着回答："很简单啊，让孩子多看书就行了。"原来，朗宇一家人都喜欢看书，在朗宇家的每个房间里都摆满了杂志和各种各样的书籍，爸爸更是让孩子什么书都看，培养他广泛的读书兴趣，难怪朗宇小小年纪就成了"神通"了。

朗宇同学的家长是很聪明的，试想成长在这样书香满溢的家庭环境之中，他们的孩子怎会不成为一个情感丰富、具有内涵的人呢？

然而，并不是所有的家长都支持孩子读书，尤其是读那些看起来没什么价值的书籍，比如漫画、小说等。实际上，对于孩子来说，他喜欢读什么比家长让他读什么还要重要。孩子的阅读兴趣一旦被激发出来，他就会对书籍越来越喜欢，越来越有兴趣。随着年龄和知识面的增长，孩子自己也会逐渐选择更有价值的书来阅读，即使孩子做不到这一点，父母适当地

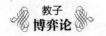

引导一下就可以。

一个真正懂得教育的家长会尊重孩子的内心，站在孩子的角度考虑问题。在此基础上，再引导孩子往更加积极、健康的方向前进。所以，在孩子阅读课外书这一点上，父母们只需适当引导一下就可以了，千万不要阻止孩子阅读。那样非但不利于孩子学习成绩的提升，也不利于孩子知识面的扩展，弊端是非常大的。

好父母教子妙策

1. 让孩子认识到知识的重要性

犹太民族是一个灾难深重的民族，但犹太人民却凭着自己的聪明智慧成为世界上赚钱最多的民族，这和犹太人独特的教育方式是分不开的。

在每一个犹太人家里，当小孩稍微懂事的时候父亲就会翻开《圣经》，滴一点蜂蜜在上面，然后叫小孩去舔书上的蜂蜜。这种仪式的用意不言而喻：书本是甜的。犹太人的墓园里也常常放着一本书，因为他们相信死者在夜深人静时会走出来看书。这种行为告诉人们生命有结束的时刻，求知却永无止境。

每一个犹太家庭的孩子几乎都要猜一个谜："假如有一天，你的房子被烧毁，你的财产被抢光，你将带着什么东西逃命呢？"如果孩子回答说是钱或者钻石，父亲就会进一步问："一种没有形状、没有颜色、没有气味的宝贝，你知道是什么吗？"当孩子无法回答时，父亲就会说："孩子，你要带走的不是钱，也不是钻石，而是智慧。因为智慧是任何人都抢不走的，你只要活着，智慧就会伴随你的一生。"

人之所以区别于其他的动物，就是因为人类有思想，懂得如何去获取知识。作为父母，我们应该向犹太人学习，用书本去武装孩子的头脑，给他们智慧和知识，让他们体会到智慧的魅力，以独特的教育方式结合教育理念，使孩子们透过现象更深一层地认识到教育的本质。

2. 给孩子读书来刺激他的兴趣

活泼有趣的读书方法可刺激孩子语言的发展，让他进行创造思考。当孩子学会自己阅读后我们也不要太早地放弃自己的责任，要一直给他朗读，因为大多数孩子在12岁前的聆听理解能力比阅读理解能力高，从"听"书中他们获得的教益也更为明显。

3. 让喜欢读书的小伙伴来引导孩子

古人说："近朱者赤，近墨者黑"，孩子们之间的相互影响力是非常大的。因此，为了让孩子爱上阅读，父母们可以有意识地让孩子和喜欢读书的小伙伴多交往。在他们的感染之下，孩子就会慢慢地喜欢上读书了。

孩子也需要休息放松，劳逸结合效率高

俗话说，"一张一弛，文武之道"，对孩子来说，劳逸结合的方法同样意义重大。只有在学习上做到劳逸结合，才能满足孩子的生理发育和心理发展规律，从而更好地为学习和成长奠定基础。而很多家长往往没有这样的意识，他们以为只要让孩子延长学习时间，就能学到更多的知识。殊

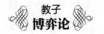

不知，这样非但不会让孩子学到更多，反而降低了他的效率。

著名的早教专家卡尔·威特通过对自己儿子成功教育的事例，总结出了这样的道理："在现实生活中，有时付出和收获之间并不能完全画上等号，想要有好的收获，除了付出必要劳动，还需要有好的方法，如果方法不当，再多的劳动也难得有好的收成。"

父母们要知道，在学习中合理地休息非常重要，只有休息好，孩子才能有足够的精力去学习。从而提高效率，将学习当作快乐的事情。而长期得不到足够休息和娱乐的孩子往往会由于学习压力或学习时间过久而造成恶性循环，不仅会对学习产生厌烦情绪，导致学习成绩下降，而且还会影响到身体的健康，可谓得不偿失。

正上初中二年级的泽昊同学学习成绩一直不错。由于还有一年将面临中考，泽昊的学习状态一下子比初一时紧张了不少。泽昊一心想考重点高中，于是，她从假期开始就投入了紧张的复习。一个假期过去，她的作息时间和学习规律被打乱，每天晚上熬夜学习到12点，结果白天有时上午10点才能起床。一开学，她依然每天学到很晚，但由于白天不能晚起，结果上课的精力很难集中，而且感觉身体非常疲倦，常常在上课的时候想躺下睡觉。不仅学习效率降低了很多，而且身体状态也大不如前。

泽昊的妈妈看到这种情况，找泽昊谈心，不仅告诉了孩子劳逸结合的好处，而且帮助孩子改变了学习和作息的时间。指导她一切以课堂学习为主，每天晚上9点半准时让孩子准备睡觉。开始的时候泽昊晚上很难入睡，妈妈就让她看一些历史或语文课本，因为里面有一些生动有趣的小故事，这样让孩子既能熟悉课本，还能在平稳的过程中逐渐入睡。

经过一段时间的锻炼，泽昊每晚9点半及时睡觉，早上6点准时起床，还能在床上温习一会英语单词。更重要的是白天在校的时间她感觉更加有精神了，而且记忆力和反应速度也有了明显提高。

泽昊妈妈为泽昊制定的学习和作息时间对很多家长来说很有借鉴价值。但有时劳逸结合的方法也要因人而异，假如孩子学习兴趣浓厚，动力很足，而且精力旺盛，可以适当将时间安排紧凑一些，让孩子在学习和休息有机结合的同时学到更多知识。但假如孩子原本就不太爱学习或者身体状况不够好，那可以适当延长休息时间，或者安排一些户外活动以及他喜欢的运动，也可达到预期的效果。

曾有教育学家做过这样的研究实验，将一个班级的孩子分成两组，第一组孩子每学习20分钟休息5分钟，第二组的孩子则连续不断地学习。两小时后，第一组孩子情绪稍有波动，第二组则情绪波动严重，大多出现困倦和疲劳的现象。而且通过测验发现，第一组的孩子所用的时间明显比第二组时间短，而且正确率较高。这个实验充分说明了适当的休息能够提高孩子的专注性和学习效率。

总之，在学习中，父母们切忌督促孩子将所有的精力都用到学习上，而应该引导孩子做到劳逸结合，让他意识到学习和休息均衡安排的重要性。这样能更好地促进孩子学习，使孩子取得优异成绩。

好父母教子妙策

1. 学习计划的安排要张弛有度

学习计划是学习过程中十分重要的环节，有些孩子没有安排学习计划的习惯，在学习时摸不到头脑，常常由于晚上很难完成作业而做不到劳逸

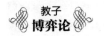

结合，甚至对所学内容产生厌烦心理。这时，家长就要帮助孩子安排正确有效的学习计划，为他更好地学习做出规划。

在家长制定作息时间和学习计划的时候，不仅要随时观察孩子的反应，尽量征求孩子的意见，而且一定要将每天具体的作息时间和较长时间内应达到的目标分清楚，注意长短计划相结合。在制定学习计划的时候，一定要注意张弛有度、适合孩子的实际情况，这样才有助于孩子养成劳逸结合、有规律、有计划的学习和生活习惯。

2. 为孩子留出活动时间，促进全面发展

很多家长都认为学习是孩子的天职，实际上活动对于孩子的发展及学习成绩的提高也有很大帮助。它不仅是劳逸结合中"逸"的最好方式，而且还是提高孩子智力发育和综合素质、促进全面发展的最佳助手。

在培养孩子劳逸结合学习方法的同时，家长可以适当安排多种课余活动，如郊游、看电影、参观博物馆等，培养孩子多种业余爱好如集邮、棋类、跆拳道、摄影等，以丰富孩子生活，让其在学习之余了解更多自己感兴趣的东西。

在日常生活中，适当给孩子安排活动时间，或者有意识地让孩子做些他愿意去做的家务，不但能够锻炼孩子的自理能力和独立精神，而且对他的学习和智力发展也会有很好的作用。

有想象力的孩子，思想才会"飞翔"

某国外教育专家说："每个孩子都是天使，每个孩子都是天才。"这句话旨在表明，孩子有着无限的潜力，日后能否成才、成功，很大程度上取决于父母是否给予了良好的引导和对其潜在能量的开发。

生活中我们常会看到这样的情景，孩子天马行空地想象着某件事，父母听到了觉得太离谱，立马给泼冷水。这样对待孩子的做法怎能让孩子发挥其本来具备的想象力呢？

事实上，想象力是人脑的一种机能，是人类创新的源泉，它可以把我们带入到一个虚拟的世界当中，使我们享受快乐、享受自由、享受惊奇、享受现实生活中少有的感受。日本的高桥浩曾经说过："所谓天才人物本来就是指那些十分富于幻想的人。天才人物总是积极主动地使用幻想能力，他们在思考问题时总是用幻想来开道，在幻想的遥远彼岸获得启示之后再返回到现实之中，因而思想的跨度极大。"爱因斯坦也说："想象力比知识更重要，因为知识是有限的，而想象力概括世界上的一切，推动着人类进步，并且是知识进化的源泉。"

古往今来，许多成名的政治家、画家及书法家等都有着惊人的创造力和想象力。比如毛泽东的麻雀战、诸葛亮的八卦阵图、唐伯虎的仕女画及曹冲称象等，实在数不胜数，每个做家长的都希望自己的子女能像他们一样具有非凡的创造力，从而成就自己的一生梦想。

波兰儿童心理学家加林娜·菲利普立克对儿童的想象力是这样论述

的："想象力的发育与思维和记忆的开发及孩子的情绪和心境紧密联系在一起，它在孩子认识世界的过程中起着重要的作用。"

其实，孩子的想象力是天生的，尤其在最初的时候，每个孩子的心灵都长着一双"想象"的翅膀，带着他们在精神世界快乐地翱翔。

他们会把一根小木棍当作魔法棒，让谁站住，谁就要站住，让谁复活谁就复活；他们会把一个小盒子"嘟嘟嘟"地当作小推车，小推车上坐着外公外婆还有自己，大家在森林里历险，会遇到可爱的小松鼠、可怕的大灰狼，还有笨得让人发笑的大灰熊；他们还常常梦想自己在月亮上荡秋千，在树上画满雪糕……

这就是孩子的心灵世界，他们的想象美丽、丰富而多彩，他们经常会从脑海里冒出一些奇怪的想法和念头，这些想法也许看起来很荒唐甚至不着边际，但这正是孩子创造性的体现，说明此时是培养孩子创新意识和能力的绝好机会。

但是，很多父母却充当了折断孩子想象力"翅膀"的罪魁祸首："这么脏，快扔了！""别胡闹了，这样不行！""天哪，你疯了吗？整天不知道好好学习，就知道胡思乱想！"

就这样，已经失去想象力的可怜的父母们又把孩子的想象力和创新意识扼杀在了摇篮之中。从此以后，你的孩子再也不想了，他不敢再有奇怪的念头，他只知道老老实实听爸妈的话，努力去学习、做作业，他的梦中再也没有美丽的云朵和会飞的小精灵，只有吃饭、睡觉、学习，他就这样成了一个呆板、失去童趣的不快乐的小大人。

面对失去想象力的孩子，我们不禁要问：他还是幸福的吗？所以，作为父母来说，呵护孩子的想象力等于保护他们做梦的权利，让他们拥有永远快乐的童心等于呵护他们的心灵健康。

受到全世界孩子喜爱的米老鼠是沃尔特·迪士尼创造出来的，他建立了全球第一个充满欢乐与梦想的实体卡通梦幻王国——迪士尼主题公园，成为全球孩子的天堂。

迪士尼是怎么创造出来的米老鼠呢？

这要感谢沃尔特·迪士尼美好而充满想象的童年生活。1901年12月5日，沃尔特·迪士尼生于美国芝加哥的一个农民家庭，迪士尼的童年是在美国中西部大草原密苏里州的一个小农场里度过的。童年的家乡风景优美，在郊外常常可以看到生活在草原上的各种小动物，这些小动物成为迪士尼童年时最好的伙伴。此外，他还养了许多家禽，鸡、鸭、鹅、猪等小动物，它们都是迪斯尼最好的朋友。

正是因为迪士尼从小与这些小动物相处，美好的童年生活在迪士尼的心中留下了深刻的印象，这极大地丰富了他的艺术想象力，成为他日后大量艺术创作的基本素材和动力。

后来，这个伟大的梦想家——沃尔特·迪士尼创立了自己的迪士尼童话帝国，而"让每个人都有梦想，激发梦想的创造力"成了公司的经营理念，这就是迪士尼公司经久不衰的理由。

童年是孩子想象力最丰富的时期，而丰富的想象力是他们进行探索和创新的基础，所以父母们一定要注意对孩子想象力的激发和保护。比如，当我们和孩子做游戏的时候，要避免对他们指手画脚，要让他们自己去掌控这个游戏，这样才能充分发挥他们的想象空间，让他们玩得尽兴、快乐。在父母的呵护下，也许下一个沃尔特·迪士尼将是你的孩子呢！

————— 好父母教子妙策 —————

1. 尊重孩子的想法

俗话说："脑子越用越灵，胆量越练越大。"有的小孩彬彬有礼，有的小孩落落大方，有的小孩胆怯怕事，还有的活泼可爱，其实这都和父母的教育是分不开的。孩子最初就像一张纯白的纸，要想让他具有超强的想象力和创造力，就必须让他们多想，不要阻止他想的思路，对他尽量多说"Yes"，而不要在他的面前说"No"，除非有他们有重大过错。

2. 鼓励并引导孩子的"奇思妙想"

一个孩子的想象力再丰富，也需要父母和老师适时地挖掘和培养。有时候，儿童的思维就像天马行空一样，完全不着边际，让人无法理解。这时候我们要做的不是去纠正他，而是顺着他的思路，仔细地听孩子的解释。

其实，孩子的想象力是需要父母去激发的，有时候，那些"美丽的错误"更能拓展他们的想象。比如小草变绿的时候，他们会说"小草不喜欢穿黄衣服了，它想穿绿衣服呢"；当雪人融化的时候他们会说"雪娃娃也要减肥了呀！"此时，我们不要告诉他们是春天来了，或是温度升高了，作为父母，我们也要有一些童心和诗意的想象，只有这样才能让我们的孩子更加富有想象力。

3. 让孩子学会讲故事

孩子都是喜欢讲故事的，有时候他们也会自己编一些故事讲给他的小伙伴们听，或是讲给爸爸妈妈听，甚至还会自言自语呢！此时，我们一定不要阻止孩子，应该给予适当地鼓励，也可以引导孩子去按照某个主题来讲，让他们充分地来发挥自己的想象力。

如果遇到好的故事，我们还可以让孩子记录下来，然后不断地去修改。这样时间一长，孩子的想象力肯定会越来越丰富的。

第五章

兴趣培养
到底谁说了算

孩子的兴趣爱好，父母别强加干涉

尽量不要阻止孩子喜欢做的事

利用好奇心培养孩子的兴趣

把选择的权力还给孩子

孩子不喜欢做的事，不要强迫他

放下批评，用赞美激发孩子的兴趣

孩子的兴趣爱好，父母别强加干涉

　　父母总以为自己的人生阅历丰富，因此就要为孩子规划未来的路。表面上看，这么做父母是帮助孩子，但这样的行为其实并不利于孩子的发展。孩子虽然小，但也有自己的兴趣爱好，父母强制要求只能让他对自己失望，更是一种不尊重孩子的表现。

　　更重要的是，父母的规划就真的适合孩子吗？我们总说，"兴趣是孩子的老师"，强迫他去学没有兴趣的东西，又谈何让他做"生活的主人"？

　　张华是个普通工人，因此，他特别希望自己的女儿阿珍将来有出息。阿珍今年才幼儿园中班，他就想着让她参加一个培训班，争取比同龄孩子领先一步。

　　有一天，一个同事说："阿珍的手指这么长，将来一定能成钢琴家！"这句话让张华动心了。于是，他不顾妻子的反对，第二天就从银行取出一大笔钱，买了架昂贵的钢琴，让阿珍参加了钢琴班。

不过阿珍并不喜欢钢琴，她真正的兴趣是滑冰。每次，她弹着弹着琴就哭了，认为爸爸不理解自己。就连妈妈也劝爸爸："既然她不喜欢，就别逼她了！"谁知道张华暴跳如雷，说："那怎么行！她就适合弹钢琴！她必须学！"

一天，阿珍又是一个人在家里练钢琴。看着外面飘零的雪花，她又一次忍不住地哭了。愤怒之余，她拿起胶水把琴键给粘上，然后害怕地跑出了屋子。她孤单地走着，突然在一条繁华的路上被汽车撞倒……

阿珍的故事相信每个父母都会感到心痛。在心痛之余，父母更应该看到：阿珍之所以出意外，就是因为爸爸的强加干涉，让她学习根本就不喜欢的钢琴！

这样的故事很极端，但是，张华这样的父母却不少见。如今不少孩子的一切行为都被父母掌控，包括自己的兴趣爱好。如果父母的兴趣与孩子的兴趣相一致，那么事情就会顺利许多。但是，如果孩子的兴趣爱好与父母有偏差，那么最终的结局就是：孩子屈服于父母。

父母们没有看到这么做已经伤了孩子的心，甚至还有些沾沾自喜："小孩子懂什么，还是应该听大人的！毕竟，我比孩子有更丰富的人生经验！等他长大后，他一定会感激我的！"

父母的话看似有理，可是你们知道孩子的心里是怎么想的吗？孩子会以为，爸爸妈妈在家就是皇帝、是皇后，我不过是个平民百姓，只有被欺压的份！久而久之，他必然会反感父母的管制，必然想要与父母作对。男孩子也许会与父母大吵大闹，而女孩子则有可能出现像阿珍那样的悲剧。

　　父母要明白孩子喜欢什么，对哪种运动或文艺有兴趣，这只是她的个人权利，父母没有强加干涉的资格，因为孩子也是一个人，他有独立的人格。父母应当做的是顺其天性，对孩子的兴趣进行正确保护和培养，让兴趣成为孩子走向成功之路的导师，而不是强迫他做出改变。正如著名心理学家皮亚杰说的那样："强迫工作是违反心理学原则的，而且一切有成效的活动都必须以某种兴趣为先决条件。"

　　对于每一个父母来说，尊重孩子的兴趣爱好比物质奖励更重要。当孩子做自己感兴趣的事情时，他往往能够全力以赴；相反，如果父母要求孩子放弃他极感兴趣的事情，做一些孩子不喜欢做的事情，孩子必然会与父母发生冲突，造成令人后悔莫及的恶性事件。

　　父母干涉孩子的兴趣爱好，归根到底是因为不懂得尊重。想要改变这一点，父母就必须从内心到行为进行调整。

好父母教子妙策

1. 尊重孩子的兴趣

　　看到孩子找到了自己的兴趣点，父母首先应当告诉自己："这是他自己的事，我没有权利干涉！"父母不能把自己的兴趣、愿望甚至自己没有实现的理想一股脑强加在孩子身上，让他感受不到父母的尊重。

　　不仅是尊重，父母更应该学会鼓励："孩子，既然你喜欢唱歌，那么你就大声地唱吧！快元旦晚会了，你可不要忘记报名哦！爸爸妈妈都等着你将来成为一个大歌星！"

2. 善于发现孩子的兴趣

　　对于三四岁的孩子，有时候他们不能清晰地把握自己的兴趣爱好，这

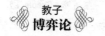
个时候，父母就应当予以适当的帮助。如果父母发现孩子在某些方面有长处、有天赋，就应该帮助他多巩固，并鼓励他做与自己兴趣相关的事。

例如，如果你发现孩子很喜欢查数字，可以告诉他："宝贝，你这么喜欢数字啊？那爸爸教你加法怎么样？这样你会发现数字的美妙！"

当然，如果孩子的天赋比较专业，例如天文类，那么父母不妨请专业人士指导，以免自己的错误知识影响了孩子。

3. 培养孩子的兴趣

一般来说，孩子的兴趣具有跳跃性和情境性，有时还会表现得很隐形，即为好像没有兴趣爱好，或者兴趣爱好很广。这个时候，父母不妨带着孩子多尝试，去爬山、去跑步、去唱歌、去读书，让孩子找到自己的兴趣点，再对其巩固与提高。

其实，每一个孩子对未来都有着美好的憧憬，他愿意为此而奋斗、而坚强，而实现这一目标的渠道正是通过对兴趣爱好的努力。所以，别太干涉孩子的兴趣爱好，放手让他自由飞翔吧！

尽量不要阻止孩子喜欢做的事

生活中，父母们往往出于为孩子考虑的心情，不允许孩子做这做那，殊不知，这正是破坏孩子专注力的做法。通常孩子会很乐意做自己喜欢的事，他们在做这些事情的时候也就格外专心。此时如果父母横加干涉，表示出不让孩子做此事的意愿，孩子原本的兴趣点就遭到了破坏，专注力水平也就自然跟着下降了。

　　或许在有些家长看来，自己干涉孩子喜欢做的事没什么大不了的，孩子还小，并不懂得什么才是对他有用的东西，需要父母的引导；只有把孩子引领到"正途"上，他将来才会有出息。这些家长的看法是正确的吗？真的对孩子有帮助吗？

　　上五年级的明明从很小的时候就对小动物尤其是小昆虫感兴趣，每当看到地上有小虫子、小蚂蚁爬过，他都要认真地观察一番。大一些后，明明会从外面抓回昆虫，放到一个小盒子里细心地观察。

　　上学之后接触了自然课，明明对小昆虫更感兴趣了，总是非常专注地研究各种昆虫的习性和特点。但是，他经常为了观察这些小昆虫而弄得浑身脏兮兮的。

　　有一天，明明把小甲虫带回了家，妈妈发现后很生气，觉得儿子鼓捣得太脏了，也耽误了学习的时间，于是妈妈把明明好不容易捉回的小甲虫都给丢掉了。

　　明明发现后很伤心，那两只昆虫可是他的心肝宝贝，被妈妈给扔掉哪能不难过呢？可是，任凭明明怎么表达对昆虫的喜爱，妈妈就是不"买账"。妈妈严正警告明明：以后不要再玩昆虫，被发现一次罚站半小时。为了阻止明明研究昆虫，妈妈特意为他报了英语班、钢琴班、奥数班等各种兴趣班，把他的时间安排得满满当当。

　　正在看这本书的你，是不是也犯过和明明的妈妈同样的错误呢？当看到孩子做一些他自己感兴趣而在您看来对学习却毫无用途的事时，便会认

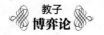

为这是"不务正业",于是干涉、阻止孩子的这些行为。

但实际上,家长这样的行为只会引起孩子的反感和叛逆,他不但不会理解父母的苦心,还会认为父母对他不理解、不尊重。这样一来,孩子只好硬着头皮去做父母们认为"正确"的事,可他们自己的兴趣却一点也提不起来。

如果家长换一种方式,让孩子去做自己喜欢做的事,这样反而更容易让孩子的聪明才智得到充分的发挥,他的专注力也会更强,做事的时候就会更加认真。

好父母教子妙策

1. 父母要对孩子的真正喜好有所了解

很多父母并不知道孩子真正喜欢什么和不喜欢什么。其实要想知道孩子的喜好并不难,我们只需在平时的生活中细心观察孩子,就会发现其中的端倪。比如孩子平时总爱看一些装甲车、坦克、战斗机的图片和电视节目,那说明他对军事感兴趣;孩子平时一听到音乐就跟着翩翩起舞,而且很有节奏感,说明他喜欢音乐和舞蹈;如果孩子一看到钢琴就皱眉,那说明他的兴趣不在这里……总而言之,只要父母善于留心观察,就会发现孩子的喜好。因为孩子在做自己喜欢的事情时往往都是专注而认真的。

了解了孩子的喜好,父母们就不要再干涉孩子做他喜欢的事情了,也不要强迫孩子做他很厌烦的事情。父母要谨记这样的原则:只要不是有违人伦道德、不是违反法律法规的坏事,都要支持并鼓励孩子的喜好,这样他便能自由、专注地做自己喜欢做的事了。

2. 不要"逼迫"孩子养成某种"兴趣"

孩子都是有逆反心理的，如果父母逼着他去做某件事，那么他肯定是心不甘情不愿的，结果就往往不好。正确的做法是，对于孩子兴趣的培养，应在孩子"自然"兴趣的基础上，帮助孩子开阔视野，增加"纵向深度"，对孩子真正的兴趣加以引导，让孩子尽可能地体验到成功的喜悦。

3. 不要随意打断孩子正在做的事

很多家长会有意无意地干涉孩子做其喜欢做的事，并认为这是无伤大雅、无关紧要的事。实际上，并非如这些家长们所认为的这样。举个例子，当孩子正在房间里津津有味地看一本书时，爸爸或者妈妈一会儿进去给孩子送水果，一会儿又进去给孩子送零食，这样时不时的干扰是很容易打断孩子的阅读思路的，孩子的注意力自然会受到影响。

因此，当孩子专注地投入他喜欢的事情中时，我们一定不要随意打扰，而应为孩子营造一个自由而安静的环境，这样他才能专心致志地做自己喜欢的事。

4. 让孩子在娱乐中学习

现在的益智玩具如此之多，各种活动也是五环八门。那么，为了让孩子玩一些曾经没玩过的东西，父母们有必要多采取措施，不是教孩子怎样玩，而是采取让孩子自主学习的方法。这样孩子通过自己摸索和操作就会更有兴趣地投入到学习中去，掌握学习的方法就是顺其自然的事。

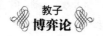
利用好奇心培养孩子的兴趣

从来到这个世界上的那一时刻开始，孩子就充满着对认识世界的满腔热情，表现为对什么都感到好奇，总有问不完的问题：这是什么？那是什么？怎么会这样？为什么那样？

其实，这个时候正是培养孩子注意力和学习兴趣的大好时机，孩子提出疑问，说明他对某件事情感到好奇并予以了关注，表明他对这些事情有学习的兴趣。通常来看，孩子在主动探寻的过程中会有更高的专注力，那些多才多艺的孩子往往是因为坚持着自己的兴趣爱好，才有所成就的。

有一个美国男孩叫道格斯，他和很多小男孩一样对篮球很感兴趣，他最大的愿望就是有一天自己能够出现在NBA赛场上。

可是，他的身高远远达不到一个篮球运动员的标准。凡是知道他这一想法的人，都嘲笑他简直是异想天开。"你的梦想是永远都不可能实现的。"他的朋友这样嘲笑他。

"你看你那么矮，你这不是痴人说梦吗？"他的邻居这样挖苦他。

虽然人们都不看好自己，但道格斯依然坚信，如果尝试朝那个目标前进，会令自己非常有成就感。因为他的父亲曾经对他说过这样一句话："做大家都认为不可能实现的事情，才会真正地体现这个人的实力。既然你对篮球这么有兴趣，对NBA赛场这么向往，那就努力坚持吧！"

男孩渐渐地长大，他的梦想从未动摇。他一直坚持不懈地练习投球、运球、传球等技巧，同时也不忘记对体能的锻炼。几乎每天人们都能看到道格斯与不同的人比赛。终于功夫不负有心人，他终于成为镇上有名的篮球运动员，从代表全镇参加比赛到成为全州无人不知的篮球运动员，再到最佳的控球后卫，最终他如愿以偿地成为NBA夏洛特黄蜂队的一名球员。

因为不轻易放弃，因为坚持了自己一如既往的好奇心和兴趣，道格斯把愿望变成了现实。

由此可见，面对孩子感兴趣的东西，父母们不要轻易对孩子说"算了吧，你不是那块料"。我们应该做的是，尊重孩子的兴趣，利用他的好奇心培养他在某一方面的兴趣和特长，说不定你的孩子也会有朝一日像道格斯一样，成为某一领域的精英人物。

好父母教子妙策

1. 欣赏孩子的与众不同点

没有谁可以拥有预测孩子未来的"先见之明"，包括孩子的父母，所以任何时候，父母只需要去发现自己孩子的与众不同，给他们一个可以自由呼吸的空间就可以，不要以一个高姿态评论家的身份来拿捏孩子的兴趣爱好是否与他们自身"门当户对"，在不公正的言辞里，你的孩子最容易迷失自己，所以请不要随便给你孩子的兴趣打"叉"，因为他们正在成长，他们还有无限的潜力。

2. 鼓励孩子细心观察生活，大胆地提出问题

在日常生活中，孩子们会被许多新奇的事物给吸引。父母可以利用

这一点，从一些小事、小细节中启发孩子对事物进行较深层次的思考，并鼓励孩子勇于发现问题。我国著名教育家陶行知盛赞"小孩是再大不过的发明家"，他提醒家长："发明千千万，起点是一问。人力胜天公，只在每事问。"对于孩子提出的问题，家长不一定全能回答，但可以这么说："这些问题我不知道，不过，我们可以通过努力找出答案。"

3. 告诉孩子你很乐意支持他的想法

虽然做家长的会对孩子的一些想法表示质疑，但这并不妨碍你支持他，多少顾虑都不能与保护孩子刚刚萌芽的求知欲相提并论，告诉孩子："我愿意拭目以待，我期待你有好的成绩。"这样，孩子不仅会很乐意跟你分享他所有的小心事，而且对建立健康的亲子关系也是至关重要的。

把选择的权力还给孩子

从某种意义上来说，人生就是一个不断选择与取舍的过程，选择意味着要么放弃，要么争取。选择了做教师，就得放弃做医生；选择了来北京，就放弃了去上海……选择因此成为人生存能力中重要的一个方面。做出怎样的选择，将直接影响到我们下一步的生活、机遇乃至整个人生。

其实，人生中各种各样的选择从小孩子时就开始了，所以在家庭教育中，为了让孩子多做正确的、有意义的选择，父母应多给孩子选择的机会，培养孩子掌握选择、判断和取舍的能力。同时，当孩子感受到更多的选择的机会时，他会产生一种被信任、被尊重的感觉，从而更专心、更投入地做某一件事。

一位美国的教育家就很注重给孩子自由选择的权利。他从不奢望自己的孩子能够把各门知识学到登峰造极的程度，因为他很清楚这是不现实的，而且是没有必要的，全才并不等于无所不会的超人。他经常这样告诉儿子，当遇到问题时，如果事情还有转机，能争取的要努力争取，如果事情到了无力回天的境地，就没必要浪费更多时间继续坚持。

在儿子八岁的时候，有一天跑来跟父亲说，他不想学习了，要去做一个侠客去救济世人。父亲对于他"不知天高地厚"的想法并没有不耐烦，而是告诉他，想要成为侠客得有过硬的功夫，而学习这些功夫的机会是非常少的。他还告诉儿子，之前讲的故事中那些形象仗义的好汉们大多是作者虚拟出来的，现实中不会有那样的超人存在。况且每个人都有自己的长处，救济世人不一定非要练就一身功夫，而通过所学的文学、数学、外语等知识照样可以去造福人类。只要将自己的才能发挥好，在任何领域都可以成为一个英雄。每一个英雄人物都懂得什么时候该放弃，什么时候该争取。

儿子听懂了父亲的话，对英雄也有了更深刻的了解，也知道了人生必须学会选择，学会放弃的道理。

这位教育家的做法很值得父母们借鉴。在孩子的成长过程中，我们也应该做到，只要是孩子愿意学习的，我们都要尽量去满足他的要求，想方设法为他创造良好的环境让他去学习。只有给孩子充分的选择权利，孩子学习时才能更专注而投入，才能在他所选择的领域取得令人瞩目的成就。

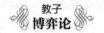

好父母教子妙策

1. 对孩子喜欢做的事，父母不要轻易阻拦

如果孩子的言行都很恰当、合宜，父母要给孩子自由选择的权利，让他去做自己喜欢做的事。这样，孩子在满足自我需求的同时，也会感受到父母的信任，而且在他心里还会产生这样的认识：因为我表现得好，所以父母才如此"恩惠"于我。比如，4岁的宝宝要求自己洗袜子，父母完全可以放手，并且愉快地答应孩子；或者7岁的宝宝要求做一次晚饭，父母就给他一次机会，只帮助孩子准备晚饭的材料并告诉他要注意安全就行了。长此以往，孩子就有一种"我很能干"的感受，从而建立起一种固定且正确的行为模式。

2. 给孩子权利，让他自己去选择

很多家长生怕孩子做出错误的选择，所以从来不给孩子选择的机会和权利，这样的孩子长大后必将难以适应竞争激烈的社会生活。

实际上，我们应该主动给孩子选择的权利，如果不放心，那么只须给孩子提供相关的情况，然后帮其分析各种可能就行了。这样做的目的，主要是可以教育孩子通过自己做出选择，来学会承担责任。当他感受到肩上背负的责任了，他自然会更专注于这件事情。

3. 有所保留，对孩子藏起一部分爱

每个父母都是爱孩子的，但是不能爱得失去理智，太盲目的爱不可取。身为父母，即使为孩子做得再多，也不能替代他一辈子。只有早日放手，让孩子学会自己照顾自己，让孩子学会自己走路，才是最明智的选择。比如如果孩子要求切菜，那父母不必担心他会割破手指，只须在一旁指导他，让他练习就可以了；如果孩子房间乱了，父母不要伸手过来帮

忙，而是应该让孩子自己布置房间。总之，父母有所保留，对孩子藏起一半的爱，才能培养孩子的独立性和专注力，这才是真正地爱孩子！

孩子不喜欢做的事，不要强迫他

很多父母望子成龙、望女成凤，巴不得自己的孩子成为群体中最拔尖儿的那一个。这些父母往往会有一个比较明显的特征，就是强迫孩子去做一些事，哪怕这些事并不是孩子所喜欢的。比如，孩子不喜欢练体操，家长却硬逼着孩子去练，梦想着有朝一日可以拿世界冠军；孩子不喜欢弹钢琴，家长却认为弹钢琴有助于陶冶情操，将来学好了可以在一些场合露一手，让父母脸上有光彩。

类似的情况举不胜举，说到底，都是父母希望如何如何而并没有切实考虑孩子的感受。这样一来，有些孩子可能表面上顺从了家长，逼着自己去学，可往往坚持不下来，学的过程中容易走神、容易倦怠，结果就可想而知了。

雨轩长得很壮实，从小就能吃能睡，比同龄孩子结实不少。上幼儿园大班的时候，班里开设了武术课。雨轩一下子爱上了这门课程，每次都聚精会神地练习武术。老师也发现雨轩可能是这方面的好苗子，还准备建议雨轩的父母考虑一下让孩子往这方面发展一下呢！

回家后，雨轩经常和父母谈论练武术的事，喜爱之情溢于言表。可没承想，雨轩的爸爸妈妈对此却不屑一顾，甚至坚决反对儿子练武术。他们觉得练武术是"粗活"，自己的宝贝可是蜜罐儿里长大的独苗苗，哪受得了那个苦。

为了让儿子打消练习武术的念头，雨轩的父母特意为他报了绘画和大提琴训练班。这样雨轩的业余时间就被占去了很多，也就没有什么精力放在武术上面了。

可是，雨轩对于绘画和大提琴并不"感冒"，每次上课他都硬着头皮去上，课还没开始就盼着下课了。可想而知，雨轩在上这两个兴趣班的时候是多么无奈，这又怎么能全神贯注不分心呢？

但雨轩妈妈却说："你学也得学，不学也得学，学这个比你学武术强多了。你看看邻居家××，大提琴拉得多好，在市里还获过奖呢，据说学艺术中考的时候还能够加分。再说了，学习大提琴和绘画都是高雅的活动，你将来肯定会尝到甜头的！"

就这样，在妈妈不断地唠叨中，雨轩不得不坚持着绘画和大提琴的学习，可是他一点也不快乐，而且因为上这两个培训班的课时间太多，雨轩在幼儿园上课的时候都提不起精神，做事情的时候也总是心不在焉。

雨轩的妈妈对于儿子自己的兴趣横加干涉，强迫孩子学习他不喜欢学的东西，最终导致雨轩注意力难以集中，心情也不愉快。

类似这样的家长在我们的生活中大有人在，他们的观点就是自己要为孩子掌好舵，把握好方向，所以要管制着孩子不要学那些"不该学"的，而应学习家长们认为好的东西。

正是在家长的强权压制下，一部分孩子渐渐失去了自己的个性，变得唯唯诺诺，思考问题和做事情都缺乏主见，只会麻木地顺从。还有一些孩子因此做出自残、对他人进行人身伤害等极端反抗行为，以此来对抗父母的"强权"。这是何等的悲哀啊！值得父母们好好反思。

要知道，孩子不喜欢，怎么逼迫都没用。与其如此，还不如让孩子做他喜欢做的事，这样孩子才会比平时更加投入，更加专心，也更加开心快乐。

好父母教子妙策

1. 尽可能地尊重孩子的兴趣爱好

很多时候，孩子的兴趣爱好和父母的意愿是相悖离的，尽管如此，我们也要对孩子表示理解、支持和鼓励。当然，父母对于孩子兴趣爱好的支持也不是没有"边界的"，我们鼓励孩子的前提是他的兴趣爱好必须是正当的，不能是不良的嗜好。

2. 主动去发现孩子的兴趣爱好，尽早加以培养

有时候，孩子对于自己的兴趣爱好往往没有一个明确的认知，他们只是本能地做他们喜欢做的事，所以他们的兴趣爱好很容易被父母所忽视，等到发现时再进行培养恐怕已经为时晚矣。

父母们要善于观察孩子的言谈举止，主动发现孩子喜欢什么、擅长什么，及时确定他们的兴趣爱好，对他们的兴趣爱好做一些专业的培养，避免因为自己的不重视而耽误了孩子的远大前程。

3. 给孩子肯定和支持

父母需要做的并不只是发现和尊重孩子的兴趣爱好就可以了，而是在发现和尊重的基础上，再给孩子肯定和支持。对孩子来说，他们做出成

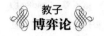

绩很大一部分动力就是为了让父母肯定自己，父母们对孩子的爱好加以肯定，给他们足够的支持，无疑是孩子促使努力的巨大动力。

放下批评，用赞美激发孩子的兴趣

如今，已有越来越多的父母开始倾向于用"夸奖"代替上辈人的"棍棒"，"好孩子是夸出来的"这句话已经深入人心。从这点上看，不能不说是人们思想观念的进步，是科学教育观的体现，是孩子们的"福音"。

西方著名教育学者卡耐基说过，使孩子发挥自己最大潜能的方法就是赞美和鼓励，尤其是父母的赞美。

但是，看看我们周围，很多父母对孩子做的一些错事、说的一些错话，要么讽刺挖苦，要么无动于衷。在这些家长眼里，孩子更多的是缺点和不足，根本"没什么值得夸赞的"。

其实，每个孩子都有各自的闪光点，只要父母把赞美这种有效的教育手段运用好，多看到孩子的优点并及时夸赞，孩子的自信心就会增强，他就会认为"我能行"，因此也就更专注于学习和做事，这对孩子的健康成长将起到积极的推动作用。

孟晓娇的妈妈是一位教子专家，在教育女儿的时候，始终将女儿的感受放在第一位，并时常鼓励孩子说出自己的想法，因为她认为在孟晓娇处于逐渐产生自信心的阶段中，父母是否尊重孩子的观点和想法对孩子的成长有着十分重要的作用。

尽管上帝没有赐给孟晓娇美妙的歌喉，但为了让女儿保持热爱唱歌的兴趣，这位身为教子专家的妈妈还是鼓励女儿唱出喜欢的歌曲。有一次，孟晓娇自信满满、认认真真地大声唱出跑了调的歌曲，妈妈忍不住笑出了声，敏感的女儿马上停了下来，问："怎么了，妈妈，是我唱得不好听么？"妈妈赶紧说："不，宝贝，你唱得很好，感情很丰富，我还以为自己听到了天籁之声，非常高兴，所以忍不住笑了起来。"

孩子唱歌是因为孩子感到快乐，而且唱歌本身可以让孩子的肺活量得到锻炼，并有助于孩子保持好的心情，跑调是正常的事情，因为天生的音乐家原本就不多。

过了一段时间，妈妈为孟晓娇请了一位音乐老师，并这样告诉女儿："你的歌唱得越来越好，都比我强了，我们得请位专业的老师来教你才行，这样你就能唱更多好听的歌曲了，你说呢？"孟晓娇开心地答应了，她十分喜欢自己的音乐老师，每次上音乐课都专心致志，从老师那里学到了很多专业的音乐知识。

正是因为这位妈妈正确地对待了孟晓娇并不完美的歌喉，孟晓娇的歌果然越唱越好听，而且非常喜欢音乐，尽管她将来或许不会在这一领域中有所建树，但音乐能带给孩子无限乐趣和丰富多彩的知识。

不只在这一方面，无论女儿在任何方面出现了问题，妈妈都不会取笑她，而是尽量给予孩子更多鼓励，为孩子打气，所以孟晓娇无论做什么事都能够塌下心来，一心一意地投入其中。

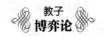

在孩子的成长过程中，无论他做了什么或者正在做什么，他都希望得到父母的肯定和鼓励。假如父母取笑孩子，或者小看他的想法、忽视他的感受，那么这个孩子长大后很有可能变得无礼、粗暴和心理扭曲。这样会让原本很有希望认真学习和做事的孩子失去养成好习惯的机会。

相反，如果父母能够及时发现并赞扬孩子的每一个进步，就能影响他做事的态度，让他做起事来更专注、更坚持。既然如此，身为父母的我们为什么不去留心关注孩子的每一次进步呢？

好父母教子妙策

1. 不要对孩子抱有太高的期望

法国诗人海涅说过这样一句话："即使种下的是龙种，收获的也可能是跳蚤。"这句话是针对那些逼子成龙成凤的家长说的。就是说，逼迫孩子成龙成凤，到头来孩子很可能变成虫。这当然不是深爱孩子的父母们愿意看到的。

那么，请父母们为了让孩子更好地成长，放弃那些高不可攀的期望吧！要知道，孩子在父母的高压下不但不会变得出类拔萃，而且对事情的兴趣会越来越低，注意力越来越涣散，最后只能离父母预期的目标越来越远。所以，父母们首先要转变自己功利的心态，要从旁引导和鼓励，让孩子的专注力持续得更久。

2. 不要把分数看得太重，应该全面看待孩子的发展

钱钟书先生是众所周知的文学界的泰斗人物，但当年他的数学却得过零分。如果按分数的标准来衡量，他连及格都不算。可是，他在中国文学界却是泰斗级别的大师，他的文学水平到现在也鲜有人能及。若当年他的

父母单纯强调成绩，让他必须考高分，那么很可能我们中国就丧失了这位大师级的人物。所以，分数不是考评孩子的唯一标准，父母们要全面看待孩子的发展。

第六章

把选择的权利
还给孩子

给孩子三分之一的选择权

孩子的未来由他们自己决定

与异性交朋友的权利，父母不要剥夺

引导执拗的孩子做出正确的选择

父母不做"侦察兵"，允许孩子在自己的"地盘"当家

困境面前，鼓励孩子选择尝试

给孩子三分之一的选择权

生活中，有很多父母认为小小的孩子根本不懂什么，所以他们的选择也往往是不正确的。因此，这些父母会大包大揽帮助孩子选择。爸妈们常说的话是："孩子那么小，他能懂什么？这件事还是我们决定吧！"

上面这句话在任何一个家庭中都会不时传出。也许，父母这么做是出于对孩子的爱，毕竟孩子并没有足够的判断力，选择错了反而会引起不必要的麻烦。但是，父母是否看到，当你这样做时孩子脸上留下的落寞？久而久之，孩子的内心少了自信，因为他的权利就这样被剥夺。

当然，我们不否认，家长适时适当地给孩子一些学习和生活上的指导是很有必要的，但是如果什么都干涉，把孩子管得死死的，那么孩子可能都不知道自己要什么，什么样的生活才是自己想要的。这样的孩子怎么会有独立生活的能力呢？这样的做法和"代替孩子生活"有什么两样呢？

这天中午，小茜美美地睡了一觉。醒来后，她看到爸爸妈妈围在一起商量着什么事情。他们的表情很严肃，仿佛有什么重大的事情要发生。

小茜揉着眼睛，来到妈妈身边，拽着妈妈的衣服问："妈妈，家里出什么事情了？"

妈妈蹲了下来，说："小茜，你就要上小学了，我和爸爸在商量你去哪个学校好。"

"真的啊！"小茜说，"那你们让我去哪个小学？小龙、小紫他们都是去第二小学……"

然而妈妈却给小茜倒了一盆冷水："小孩子打听那么多干什么？"爸爸也蹲了下来，说："小茜，你先回去吧，爸爸妈妈商量好了就告诉你……"

就这样，小茜被爸爸"送"回了屋里。站在屋子中间，她的眼泪哗哗地流了下来。她在心里大声地喊道："爸爸妈妈，可以让我也参与讨论吗？为什么我上学，我却没有任何的决策权？"

把孩子的事情安排得妥妥当当，是中国父母的传统习惯。虽然这样做也许决策的速度就会快了许多，但是孩子却失去了一次体验人生的机会。

很多父母没有意识到，孩子作为家庭中的一员，本来就有参与家庭生活的权利与义务，父母应该适当地给他们话语权，经常倾听孩子的观点，让孩子在家庭决策中起一定作用，允许孩子负起与年龄相适应的责任。哪怕他的观点很幼稚，我们也不能随意剥夺。其实，孩子奢望的并不多，仅仅只是三分之一的决策权。

作为父母，我们一定要意识到，孩子并非自己的私有物。我们不要总是担心这、限制那，因为我们不可能跟孩子一辈子，不会永远包揽孩子生活的一切内容。

当然，由于孩子的认知能力有限，父母不可能给予他所有的权利。我们可以给予他三分之一的决策权、三分之二的讨论权，这样的父母才配得上"民主"二字。

父母们应尊重孩子的选择，让孩子拥有一片属于自己的梦想天空，这既是尊重孩子的一种表现，又是锻炼孩子自信心的一种好方法。只要我们适当地给孩子"当家做主"的机会，让他能"当自己的家，做自己的主"，他的选择能力就会逐渐提高。

好父母教子妙策

1. 让孩子参与重大问题的定夺

父母不要以为只有小事孩子才有决策权。其实，事情越大，孩子越应有权利表达内心。例如要为孩子聘请家教或保姆，这相当于为家庭引入新的家庭成员，而且与孩子的关系密切，如果聘用期较长，他们对孩子的学习、生活、心理的影响也较大。所以，如果父母有聘请家教的想法时，一定要提前告知孩子，使孩子心理上有所准备，并在一定程度上征求孩子的意见。甚至，父母还可以让孩子自行选择，然后在一旁为孩子"把把关"。否则，父母来个"突然袭击"，在孩子毫不知情的情况下聘来保姆或家庭教师，孩子反而会无所适从，曲解父母的一番好意。

2. 不能对孩子出尔反尔

当父母最忌讳的就是出尔反尔，比如给了孩子决策权，却在最后一刻又予以剥夺，这么做只能让你和孩子之间出现裂痕。

换句话说，我们给予孩子的决策权绝不能停留在口头上。要知道，有

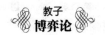
言在先而后又自食其言不仅干涉了孩子的自主权，更会严重地削弱孩子对父母的信任。

3. 别因孩子的错大发雷霆

也许你给了孩子决策权，在刚开始的一段时间内，会因为各种不同原因给你带来不少的麻烦，这个时候父母不要大发雷霆，说"早知如此，当初就不该……"之类的风凉话。既然放手让孩子决定、行动，就要让他学会承担后果。面对孩子决策后的失败，父母应该做的不是打击，而应帮助他分析总结，让他有勇气继续尝试。

孩子的未来由他们自己决定

很多父母的心里常蕴含着望子成龙、望女成凤的美好愿望：让女儿成为医生，让儿子成为宇航员、成为科学家……父母为了实现这一目的，会要求孩子努力再努力，朝着理想的目标前进。

可是，父母们有没有想过，这些理想真的是孩子的想法吗？是不是作为父母的你当年的梦想呢？那么，你是否知道孩子的理想在哪里呢？不管是否知道，做父母的都不要为了自己的抱负打碎孩子的梦想。要知道，孩子才是自己生活的主人，他的未来只有靠他自己来开创。

有上述想法和行为的家长千万不要觉得自己的经验丰富，理应为孩子做决定。一个血气方刚的孩子总是受到父母管制，就会与父母爆发不可避免的冲突。

　　随着中考的结束，十五岁的陈亮到了人生的第一个十字路口。因为，他没有考上理想的高中，让家人很是失落。

　　这天晚上，陈亮和父母坐在一起商量这件事。爸爸说："陈亮，你还是复读吧。你看咱们家都是工人，你要是将来能考上大学，那该多好啊！"

　　妈妈也在一旁说："对啊，我们同事的女儿就是复读了一年，结果第二年考上了重点高中！陈亮你还是复读好！"

　　这个时候，陈亮说："爸爸妈妈，我知道你们是为我好，可是你们让我自己决定一次好吗？我想好了，我想去上中专，学美术。将来我毕业后可以一边工作一边进修。我的目标就是设计师。"

　　爸爸妈妈听到陈亮的话，当即一起反对："不行！这怎么可以呢？孩子，中专没前途，说出去都丢人，你还是复读吧！"

　　陈亮说："可是我真的不喜欢中学了，我想我在中专也能闯出自己的一片天空。"

　　"绝对不可能，我们不会答应你！"爸爸咆哮道，打断了他的话。

　　陈亮也火了，说："我就是不上！"结果一家子每天都处在争吵中，再没了往日的温馨。

　　不可否认，几乎所有的父母都如陈亮的父母一般望子成龙心切，总担心孩子在未来路上走了弯路，于是父母总想借着自己的人生经验，为孩子做决定。孩子上什么学校，父母选；孩子报什么专业，父母选；甚至孩子找什么样的异性朋友，也得由父母来把关。可是父母没有看到，孩子有自

己的想法，有自己的思维，有自己的规划。正是因此，当遇到父母的强权时他们会拼命抵制，由此引发了孩子强烈的抵抗情绪。孩子仇恨父母剥夺自己做决定的权利，并在心里有这样一种想法："父母就是坏人，就是要拦着我进步的人！"

更可怕的是，父母单方面决定孩子的未来，只能让他更加懦弱，因为他没有说话的权利，没有选择的权利。无论做什么，他都只能依靠父母的决定。这样的孩子又谈何坚强？成年后，这种性格会让他在社会中举步维艰。那个时候，他一定会更加怨恨父母当年的行为，认为如今的一事无成正是父母一手造成的。

诚然，没有一个父母希望孩子长大后反过头来怨恨自己，没有一个父母希望孩子成年后无论做什么事情都求助自己。所以，父母应当学会适当放手，让孩子自己规划自己的未来。

好父母教子妙策

1. 理解孩子的决定

孩子还小的时候，父母可以多帮助孩子做一些选择，但随着孩子渐渐长大，父母放手的时候就应该越来越多。特别是当孩子到了初中、高中阶段后，已经有了较为成熟的思维能力和辨析能力，对子自己该做什么、擅长什么已经有了清晰的认识。所以，当孩子面临决定未来的选择时，父母应多听听孩子的想法，让他自己来决定。

例如，当你和孩子因为文理分科时，你不妨耐心听完孩子的分析。如果孩子在文字方面、政史地方面有浓厚的兴趣，那么我们就应该肯定他，对他说："孩子，爸爸妈妈支持你的选择，希望你能在文科世界里取得傲人的成绩！"

2. 善于发现孩子的出众之处

如果父母总要干涉孩子的未来之路，或者认定孩子的选择有问题，很大程度上是由于父母对孩子不熟悉造成的。就像韩寒，他天生就是"偏"才、"怪"才，如果他的父母不理解他，硬逼他成全才，那么韩寒一定不会有今天的成绩，最终只能成为一个活在泯泯众生之中的庸才。所以，父母要全面而深入地了解自己的孩子，并善于发现孩子的出众之处。

也许孩子学习不好，但踢足球却出类拔萃；也许孩子的物理很差，却能写出令人拍案叫绝的文字，这些都是他们的出众之处。父母应该发现孩子独特的才能，多鼓励、多赞扬他，让他走出一条不一样的成功之路！

3. 让孩子懂得自己行为的后果

我们让孩子参与决策，自然是希望孩子能够做正确的、可行的决策。但并不是所有决策都会万无一失，这就需要我们让孩子懂得自己行为的后果。只有让孩子懂得自己的行为将会产生什么后果，他才会对自己的行为负责任。

著名教育家茨格拉夫人说："必须教育孩子懂得他们不同的一举一动能产生不同的后果，随着时间的推移，孩子们一定会很有责任感的。"

事实确实如此，在现实生活中，父母要试着把孩子生活中的一些责任放到他自己的身上，让孩子自己承担。比如，当孩子遇到麻烦的时候，你可以说："这是你自己选择的，你想想为什么会这样？"而不要对孩子说："你已经努力了，是妈妈没有帮助你。"虽然只是一句话，却反映出了观念的不同。如果父母无意中帮助孩子推卸了责任，孩子将会认为自己无须承担责任，这对他了解自己的能力毫无益处。

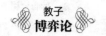# 与异性交朋友的权利，父母不要剥夺

每一个人都是社会的组成部分，都需要友情的滋润。尤其是进入青春期的孩子，随着交际圈越来越大，身边也有了一些异性好朋友。看到此，父母不禁勃然大怒，怒斥孩子的"早恋"行为。

可是，父母这种猜测是否准确？干涉孩子的交友权利是否得当？表面上看，这么做是"保护"孩子，但事实上，这却是一种无形的管制，让孩子永远不能独立翱翔。

甜甜今年六年级了，长得亭亭玉立，性格也很豪爽，同学们都很喜欢她，她的同桌刘丰也不例外。刘丰学习不好，所以遇到问题总会请教甜甜这个高才生，而甜甜也乐此不疲。就这样，两个人的交往越来越频繁，成了一对好朋友。

到了初一时，甜甜和刘丰依旧在一个学校，两个人还是经常在一起玩。每到周六，刘丰就会给她打电话，两个人或是一起去同学家玩，或是到冰场滑冰，因为滑冰是他们的共同爱好。

这一切被爸爸妈妈看到了眼里。一个周末，爸爸问甜甜："甜甜，怎么刘丰总给你打电话？你俩不会是……"

甜甜明白了他的意思，大笑道："爸爸，你放心吧！我和刘丰是好朋友，不是您想的那样！"

"胡说！"爸爸生气了，拍着桌子说，"那怎么每个周末都打电话！你一定是谈恋爱了！从今以后，你们俩别见面了，我明天就让你转学！"

"你！"甜甜委屈地说，"你怎么这么胡搅蛮缠！你凭什么干涉我的生活！"说完回到卧室，狠狠地摔上了门。

在爸爸的眼里，甜甜的种种行为就是早恋的表现，所以，他根本不想那么多，就要强行干涉甜甜的生活。然而，甜甜根本没有爸爸想得那么复杂，她和刘丰不过是好朋友，因此非常不理解、甚至憎恨爸爸的这种行为。这样，孩子与爸爸之间的矛盾就产生了。

可以说，这样的场景不仅在甜甜身上，在很多十几岁孩子的家庭里都有反映。"青春期"的异性关系是一个最容易被误解、又最容易出问题的问题，很多父母看到孩子与异性成了好朋友，就会不由分说地去制止，从来不考虑真实的情况，不考虑孩子的心情。如此粗暴地干涉孩子的生活，孩子怎会不出现逆反情绪？

事实上，孩子与异性交往根本不像父母想象得那般"可怕"。良好的两性友谊，正是十几岁孩子的生活中必不可少的组成部分。有了这份友谊，孩子能够提高自己的情感思维，以新的视角、新的观点，促进自我意识的发展和深化。与此同时，与异性交往，孩子们会更加了解异性，不会把异性关系看得那么神秘，能掌握更多与异性交流的正确方式。

由此可见，父母蛮不讲理地插手孩子的生活，是多么愚蠢的事！所以给孩子贴上"早恋"的标签是非常要不得的行为。即使你的"强硬"成功了，从此以后他只与同性交流，那么你慢慢地会发现孩子根本不具备与异性沟通的社交能力，性格发育和人格发展都不甚完善。到头来，后悔的还是家长！

所以，对于孩子与异性交朋友，父母不要不由分说，恼怒地干涉他。要知道，在茫茫人海中，除了男人就是女人，异性交往不可避免，是孩子

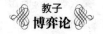

人生中最基本的交际形式。在理解的基础上进行适当指导，这样，孩子既可以感受到友谊的美好，又能体会到父母的苦心。

父母们要知道，友谊的天空是最让人感到轻松的。因此，对孩子的交友问题父母还是放手为妙。你是一个"信号塔"，需要指引孩子在正确的区域里翱翔。在放手的同时又予以指导，这样孩子才能向着你的期望越飞越近！

好父母教子妙策

1. 教给孩子合适的礼仪

在孩子与异性交往时，父母应当第一时间告诉他，如何正确与异性进行交往。例如，态度、言语、表情、行为举止等礼仪都是父母需要告诉孩子的。同时，还应提醒他交往的程度和方式要恰到好处，不能毫无顾忌，应回避两性之间的一些敏感话题，交往中的身体接触要有分寸等。

例如，父母可以对孩子说："儿子，你可是个男人，可不能总抓人家的衣裳！不然，人家把你当流氓抓起来，到时候你跳到黄河也洗不清了！"这样，孩子既能感到父母对这份异性友谊的认同，又能从中学会正确的交往礼仪。

2. 提醒女孩不要过分热情

不可否认，有一些孩子比较早熟，也许在和异性交朋友时心中有一定的"好色"之嫌。身为父母，就要告诉女孩子不要在异性交往中表现得过分热情，否则就会让男生觉得她是轻佻之人，从而产生非分之想。

与此同时，父母还应教会女孩子一定的防身本领，这样即使有意外发生时，也有能力保护自己。

引导执拗的孩子做出正确的选择

　　倘若你的孩子拥有一颗坚韧不拔、决不放弃的心，那么在人生路上就等于他成功了一半。但是如果这份坚持成了执拗，已然"遍体鳞伤"仍不变通，那未免有些"愣头愣脑"了。长此以往，孩子的心理甚至会出现扭曲，形成过分顽固、过分执着的性情。

　　任何事物的发展都要有"度"，过冷过热都是危险的行为。因此，面对屡战屡败却仍不放弃的孩子，父母要对他进行心理疏导，教会他放弃执拗，做出正确的选择。可是，怎样做才能让孩子放弃这份执着呢？

　　通常来说，对这样的孩子讲述"不必过分坚持"的话反而会更加刺激他一定要勇往直前，效果反而不明显。这时，父母不妨让他将眼界放开，让他看到，其实拐个弯后还有更多的选择在等待自己。

　　"妈，你放心，我再训练几个月，下一次冠军一定就是我了！"陈震气喘吁吁地蹲在跑道前，不容置疑地说道。

　　看着孩子如此，妈妈也不知道如何安慰她。陈震自幼刻苦训练长跑，可接连三次的比赛都以遗憾告终。每一次失败陈震都会总结经验，然后进行针对性训练。但即使如此，他还是与冠军无缘。眼见更多的新秀涌现，陈震的夺冠几率已经越来越小。

　　"孩子，努力就好，不必这么拼命！"父母老师都如此劝过陈震。可是这些话却丝毫没有效果，反而让陈震更加玩命训练。妈妈很担心，陈震

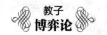

如果一直得不到冠军，那心理压力岂不是会越来越大，最终出现扭曲？

这天，爸爸在跑道上找到了他，语重心长地说："陈震，爸爸理解你的坚持，一个男人就应该这样，有一颗不放弃的心！可是你也要明白一句话，'大丈夫能屈能伸'啊！"

陈震擦了把汗，说："你的意思是让我放弃？那我可做不到！"

爸爸急忙道："当然不是！我的意思是说，为什么你只看到长跑呢？我和教练分析过，你的优势就在于爆发力，但是长跑更注重耐力，这就是你为什么失败的主要原因。其实你只要拐个弯就会发现，百米和两百米也是不错的选择，说不定你还能取得更大的成绩！"

爸爸的话，让陈震思索了好几天。接下来，他开始逐渐尝试百米和两百米的训练。"短跑也不丢人，也是实现价值的途径！"爸爸如此对他说。

果不其然，在下一届比赛中，陈震囊括了百米与两百米的冠军，这下，他那锁紧了多年的眉头终于打开了。

陈震的爸爸不再刻意说"适当放弃"的话，而是让他考虑百米和两百米项目，就是为了让他明白这样一个道理：长跑失败的原因是因为自己的身体条件的限制，即使继续刻苦训练也很难取得成绩。如此一来，陈震就会懂得：也许选择其他的项目，反而会离成功更近一步。

面对屡战屡败的孩子，父母应当让他明白：与其继续坚持，不如看一看其他方面，并对他说："这并非是对你的坚持有所轻视，而是让你看到，其实在另外一处，也许成功依旧在向你招手。"

通过这种方法，孩子能够自我思索：父母推荐的项目是不是确实更适合自己？与自己所坚持的项目相比，它是不是低了一个档次？当孩子有了答案后，他自然就能明白父母的心思，就不会再过于坚持，而是尝试新的项目，努力做到成功。

好父母教子妙策

1. 了解自己孩子的长处

想要让孩子做出正确的选择，我们首先要对孩子有充分的了解——他的长处、他的劣势。唯有此，我们的建议才会行之有效。

想要了解孩子，我们就必须多与孩子进行沟通，了解他的日常动态。这方面，我们既可以通过与他的聊天获知，也可以求助他的老师得到答案。孩子的逻辑思维比较强，那不妨建议他在理科上下功夫；孩子的平衡能力很出众，那可以建议他进行体操、舞蹈方面的训练。反之，如果你对孩子的了解程度很低，那怎么可能提出合理的建议，怎么可能让孩子做出正确的选择？

2. 态度要保持平和

也许在你看来，孩子的某些坚持简直不可理喻，但我们决不能因此就对孩子大发雷霆。因为，孩子的初衷是好的，没有取得成功只是客观条件不够优秀罢了。不分青红皂白的训斥只能打消孩子的积极性，即使他听取了你的建议，也会抱着消极的态度去面对未来。

所以，在引导孩子的过程中我们必须心平气和。为了让孩子看清自己的未来，我们可以通过图表分析、通过假设推断等方法让孩子从心底里明白：爸爸妈妈说得没错，我过去的选择确实值得商榷！这样，他才能带着积极进取的情绪投入到新的选择之中。

父母不做"侦察兵"，允许孩子在自己的"地盘"当家

不知从什么时候开始，家长们忽然发现孩子似乎在某些时候喜欢躲着自己，他会在进入自己房间后马上锁门，并拜托你进他的房间要先敲门。

其实，这时候基本可以说明孩子长大了，他开始有自己的秘密了，这一方领地只有他一个人可以进入。德国著名哲学家康德曾说过："秘密是说与不说的游戏，孩子发现自己有了秘密，意味着他有了自己的内心世界。"

孩子的秘密都会有一个落脚之地，那么这个落脚之地就是他隐藏自己内心世界的载体，这个载体往往就是日记本。他们利用写日记发泄心中的不满，制定心中的目标和理想，倾诉内心的小秘密……

蕊蕊读初中三年级，正值青春期的她已经有了属于自己的小秘密，比如琼瑶的小说、几本厚厚的日记本、男生写给自己的贺卡等，她都会放在秘密的角落。

然而有一天，因为学校提前放学，蕊蕊比往常早一些回到了家。当她打开屋门的时候，却发现妈妈正在自己的房间里，手里还拿着几本小说。见此情景，蕊蕊很生气，因为她曾经不只一次和爸爸妈妈说过不能随便进自己的房间。这次妈妈明知故犯，让蕊蕊有些恼火。

不过，蕊蕊当时并没有冲妈妈发火，但当她进屋后发现自己锁得好好的抽屉也被翻过了，终于按捺不住想要和妈妈理论一番。没想到妈妈振振有词地说："我就是想检查一下你最近是不是用心读书了，还有不到半年的时间就要中考，我怕你分心。"

可是在蕊蕊看来，这分明是妈妈不信任她，窥探她的隐私。第二天她干脆赌气，任凭妈妈如何催促都不肯去上学。

情急之下，妈妈找到蕊蕊的班主任，抱怨孩子太叛逆，居然发展到不想学习的地步。当过儿童心理教师的班主任反复追问原因，妈妈承认是因为自己偷看了蕊蕊的日记和抽屉，才导致她拒绝来学校。

老师告诉蕊蕊妈妈，现在蕊蕊正值青春期，也正是生理、心理各方面承受压力较大的时候。他们内心是很怕父母不信任的。这样的窥探无疑让孩子加深了这种印象。孩子已经长大，他们也有自己的生活空间和情感世界，此时只有信任孩子、鼓励孩子，给孩子一个自己的空间，才能赢得尊重和爱戴，更好地促进她的学习和生活。

听完老师的话，蕊蕊妈妈诚恳地向女儿道歉，并为她的小屋重新装了一把门锁，郑重地把钥匙给她，承诺以后不会再未经允许到她的屋子里去。

在老师的及时帮助下，蕊蕊妈妈做到了不做孩子的"侦察兵"，而是尊重女儿的隐私，允许女儿在自己的"地盘"当家做主。可现实中，有很多父母并不能做到这一点。当她们窥探孩子秘密的举动被发现时，还蛮不讲理地说自己是为了关心孩子，为了孩子好。然而，她们却不知道这个阶段孩子的内心需求，这样就导致误会越来越深。

此时的孩子，当面对父母窥探自己隐私的时候会感到自尊心在被深深地伤害，会造成沉重的精神压力，甚至会因此对父母产生敌意，致使亲子

关系紧张。

因此，要想成为一个让孩子喜欢、信任的好家长，我们要清楚，随着孩子一天天地长大，他们会自然而然地成长。面对孩子这种独立的愿望，我们最应该去做的是给予孩子独立的空间和锻炼的机会，让他们自己去探寻适合他们生存和发展的土壤。只有这样，孩子才有可能独立应对人生路上的风霜雪雨。

好父母教子妙策

1. 正确对待孩子的隐私

孩子一旦有了自己的秘密，当他不打算让父母知道的时候，他就和自己的内心立下了一个承诺。而作为父母的你不管用什么手段进行挖掘，都无异于在孩子的心灵上刻下一道道伤痕。在此，我们提出两点建议，帮助父母们正确对待孩子的隐私，希望能为您提供帮助。

首先，我们要尊重孩子独立的人格。随着孩子年龄的增长，他们的独立人格也会日趋形成，随之而来的"保密性"需求也会越来越强，他们的日记和书信、与同学交往与谈话的内容等往往不想让父母"了如指掌"。父母们不应偷看孩子的日记、私拆孩子信件，正确的做法是，父母可转换一下角色，以朋友的身份和孩子融洽相处。这样一来，孩子才会感受到自己被尊重，也就更愿意敞开心扉，向父母透露自己的隐私。

其次，我们要及时掌握孩子的思想状态。对于现今复杂的社会环境家长们常常存在一些担忧，这是很有必要的，因为哪个家长都不希望孩子被一些不健康因素侵蚀，比如抽烟喝酒、青春期早恋等。为此，家长们要在生活中密切观察孩子的言行，以便及时掌握孩子"隐秘世界"的蛛丝马迹，一旦发现什么苗头好对症下药，给予孩子正确的引导。

2. 为孩子创造锻炼独立性的机会

一百个父母就会有一百个父母承认自己爱孩子，为了孩子可以奉献自己的所有。实际上，这种无微不至、无处不在的"爱和关怀"恰恰削弱了孩子本来应该具备的独立生活能力。久而久之，孩子便无法形成独立自主的人格特质。因此，真正智慧的父母会大胆地放开自己的手，为孩子多创造一些锻炼独立性的机会。这样，孩子才能在各种生活技能的体验中健康快乐地成长，并最终成为德才兼备、令父母满意的孩子。

3. 培养孩子明辨是非的能力

我们提倡让孩子独立自主，允许孩子有独立的空间，并非是让家长放任自流，而是建议父母们在此基础上给孩子正确的引导，只有在教会孩子如何正确判断、决策和承担后，给予他独立自主的机会，他才能锻炼得更好、更强。

困境面前，鼓励孩子选择尝试

常有这样的父母，他们对孩子的宠爱几乎到了不让孩子尝试任何事情的程度——孩子要学游泳，家长怕出危险进行阻止；孩子想爬树，家长怕摔着不允许……

也许，父母是担心孩子出危险，但我们为什么不能引导孩子去尝试

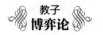

呢？孩子迟早要独立面对社会、面对生活，迟早要独立解决所遇到的问题。一味地不让他自我尝试，他又如何掌握生存的技能？父母必须让孩子去尝试一些力所能及的事情，让他学习如何自己解决问题，如何做出最准确的判断。

在培养女儿的独立意识方面，敬童的妈妈一直做得很好。当敬童到了可以自己穿衣服的年龄时，妈妈就开始让她自己穿，即使遇到什么困难，她也会尽量让孩子自己去解决，而不伸出"援手"。

在敬童穿衣服的过程中，妈妈会一边看着女儿的表现，一边进行指导和示范。由于刚刚练习自己穿衣服，敬童很不熟练，在一旁看着的妈妈并不催促她，而是慢慢地说："你可以自己穿上的，别着急，慢慢来，如果不行妈妈再帮你。不要忘了，你已经是个大孩子了哦！"

通常，敬童听到妈妈这样的话会更加努力地自己穿衣服。如果她中途想放弃，妈妈就会继续鼓励她："妈妈认为，你肯定能够自己把衣服穿上，妈妈闭上眼睛数到'10'，看你能不能穿上。"

听到妈妈设定的"大限"，敬童有可能会继续穿，也有可能哭起来，而不做任何努力。

尽管如此，妈妈也不理会，当敬童发现自己放弃或哭泣的"招数"在妈妈这起不到作用时，就只能继续尝试靠自己的力量解决穿衣服的"难题"了。

在这样的"训练"下，敬童很快就学会了自己穿衣服。

如果父母总是代替孩子做他们自己能够做的事，分明是在告诉孩子父母比他强、比他灵活、能力比他大。也就是说，父母在孩子面前显示了自己的伟大，同时也衬出了孩子的渺小。在这样的教育下成长起来的孩子，即使人高马大、仪表不凡，但心理上却仍是畏缩不前，缺乏勇气和能力。一个孩子一旦失去了独立的能力，从不敢做出自我选择，又何谈成功的未来呢？

汪国真的诗歌《山高路远》中有一句话："没有比脚更长的路，没有比人更高的山。"意思是说无论多高的山、多远的路，人都能够达到，这句诗不仅含蓄地揭示了人的主观能动作用，还强调了人类乐观、进取、执着、自信的生活态度，而这种态度正是一名优秀的孩子应该拥有的。所以，让孩子去选择尝试吧，让他的人生绽放出最绚烂的烟花！

好父母教子妙策

1. 用轻松的口吻激励孩子

很多孩子都有一个习惯，就是将困难放大化。原本一件简单的事情，由于涉及比赛等方面，孩子就会感到不自信，甚至会因此丧失尝试的勇气。这个时候，父母应该帮他"砍除"杂念，用轻松的语调告诉他：成功根本不是问题，这样孩子就能理解父母的暗示，从而放松心态，获得佳绩。

2. 在孩子面前"弱势"一点

孩子不敢尝试的重要原因，就是父母太"强势"。父母应当明白，孩子的能力并不是非常全面的，因此会出现你强他就弱的局面。如果父母什么都给孩子包办了，什么都替他想到了，那么他自然感到自己一无是处，也就没有勇气伸出双手。

所以，即使父母的能力非常全面，最好也不要在孩子面前表现得太充

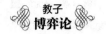
分，不必事事替孩子包办，有时假装弱一点、笨一点，反而能激发孩子的潜能。当孩子意识到有些连父母也做不好的事情自己却能通过努力完成，这时他的尝试欲望就会大大增强。

3. 不要恶语相加

如果孩子总是没有勇气去尝试，父母首先不要拿他跟那些善于尝试的孩子比较，要体谅他的心情；不可由于心急而粗暴对待，那样会使孩子更加恐惧，更加不敢尝试。尤其不能当着外人说"我这孩子就是胆小"，要积极强化孩子表现出的闪光点，鼓励孩子千方百计克服所遇到的困难。

第七章

批评和鼓励都有
"安全用量"

每个孩子都不喜欢被批评

刻薄的话最伤孩子的心

怎样做才能让孩子接受批评

孩子的错误应该被全盘否定吗

父母一句"你真笨",孩子信心被打击

鼓励虽好,但别把孩子压垮

表扬太多会导致孩子自满

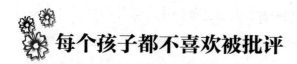

每个孩子都不喜欢被批评

在一些家长看来，孩子做错了，自己批评孩子是天经地义的。不否认，家长对孩子进行批评大多数时候都是为了让孩子认识到自己的不足，好加以改正。但是，很多家长却忽略了批评的方法，批评需要注意时间和场合，不能经常性地不分场合地批评孩子。否则，孩子会越来越没信心，本来他就担心自己做不好，经家长一批评，他就更胆怯了。如此一来，孩子的注意力也必然会涣散。父母们要知道，孩子也是有自尊心的，他们和成年人一样，都爱听好听的话，他们喜欢听到家长对自己的表扬和鼓励。

如果经常被父母批评，孩子就认为自己什么也做不好，一方面会出现我们前面提到的胆怯、自卑心理，另一方面还可能因此引起孩子的叛逆心。家长越是让孩子专心做事，孩子越是故意"对着干"。这对孩子注意力的培养显然是大为不利的。

153

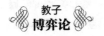
上小学五年级的思岩原本是个活泼开朗、乐观积极的小男孩。但最近两年，思岩的性格发生了一些变化，他不再像从前那么开朗，而是经常闷闷不乐的，周围的小伙伴们甚至给他起了个"忧郁小王子"的绰号。

按理说，思岩这个年纪正是最淘气、最活跃的时候，原本活泼开朗的思岩变得郁郁寡欢，这和思岩父母经常批评思岩不无关系。

思岩的爸爸妈妈都是脾气很大的人，在孩子面前他们暴躁的性格一点都不懂得收敛，经常为一点小事就大发脾气。思岩的学习和生活上只要出一点点差错，父母就要大吼大叫。对此，思岩感到苦恼极了，渐渐地，他就变得不爱说话，像一个木偶一样，任由父母摆布。

思岩放学回到家，妈妈告诉他刚给他报了个钢琴班，以后每周都要去钢琴老师家上三次课。妈妈对思岩说："我看电视上面说，练习钢琴有利于培养孩子的注意力，还能陶冶情操，我觉得你需要这方面的练习，所以就给你报了这个班，以后你要坚持上课哦！"

思岩虽然知道妈妈是为了自己好，可是他对乐器一点兴趣都没有，小时候亲戚送的电子琴自己连碰都不想碰，更别提什么钢琴了。可是现在没办法，妈妈硬要自己学，还给自己报了班，不想去也得去了。

虽然思岩去上了钢琴课，可是坚持了不到两周他就受不了了。老师讲课的时候他听着听着就犯困；老师教他指法练习，他却总是搞错。

见儿子这么不争气，思岩的妈妈又发火了："你这个孩子怎么就不能长点出息呢？一节钢琴课要200元，你以为我的钱是大风刮来的吗？"

思岩小声地对妈妈说，自己实在是不想学钢琴，本来想努力学的，可几节课后他还是发现自己并不适合学习钢琴。

面对思岩的一肚子委屈，妈妈却仍然不依不饶："我对你算是失望透顶了，我花那么多钱，给你请了周围最好的老师，你却学不进去。一看你就是缺乏耐心，注意力不集中，为什么别的孩子能学好呢……"

不得不为思岩深感同情。他虽然是个小孩子，可是却在忍受着父母严厉的苛责和批评，心里不委屈才怪呢！我们建议家长，要懂得尊重孩子，不要动不动就批评。当我们设身处地地为孩子考虑的时候，孩子也会感受到来自父母的真正的爱，会感受到被父母尊重。这样，孩子也才会正确地接纳并按照父母的指导去做，这对孩子注意力、思考能力等各方面素质的培养都是很有好处的。

好父母教子妙策

1. 父母要学会聆听孩子的心声

孩子的内心世界需要父母用心来倾听和理解。只有了解孩子内心真实的想法，才能更好地教育和引导孩子。如果孩子在一次考试中成绩有所下降，父母先不要急着批评他，而应引导孩子说出原因。在孩子诉说的过程中，父母一定要认真而专心地倾听，切忌表现出不耐烦甚至很不屑的样子。这样，孩子就会被父母的情绪所感染，心里也会放松，从而能够集中注意力来说出自己的想法了。

2. 不要因为批评而伤害孩子的自尊心

孩子做错了事，他们自己也会不开心，甚至常常处于悔恨之中，不知所措。此时，父母批评孩子时应先对其做得好的方面给予肯定，然后再指出他做得不对的地方，要让孩子知道家长不是光把眼睛盯住他的错处。批评孩子错处时，只谈眼前做的错事，不翻旧账，以前的事已经批评过了就应该"结案"了，不能老是记着孩子以前不好的地方，让孩子觉得在父母

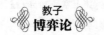
面前永远无法翻身。这样很容易损伤孩子幼稚的自尊心，孩子从内心里就会不接受这种批评。

3. 教孩子冷静虚心地接受批评

有时候，对孩子有必要进行一些批评。但为了避免孩子无法正确认识批评，父母有必要对孩子进行相关的教育，让孩子学会接受批评的合理成分。我们还要教孩子学会掌握一些"冷处理"的技巧，比如不要对批评者反唇相讥，不要"自卫还击"，不要夸张等；应在认真倾听的基础上冷静地分析出尽可能多的合理成分。

4. 允许孩子在接受批评时做出解释

如果批评不符合事实，也应允许孩子做出自己的解释。告诉孩子，给他解释权，目的绝不是推卸他所负的责任，而是要他实事求是地面对。如果你强硬地要求孩子改正错误，孩子心里不服，他就会虚假地答应你，表面上接受了你的批评，但心里感到受了很大的委屈，这对他接受你的批评没有任何作用。

刻薄的话最伤孩子的心

在很多父母的眼里，孩子就是自己的一种精神延续，因此总想用"刻薄"的教育方式让他尽早掌握生活的知识、社会的知识。看到孩子刷不好碗，嘴上不免批评几句；考试成绩令人失望，不免又想训斥一番……一而再、再而三之后，父母嘴里就蹦出了这样的话："这也做不好，那也做不好，你到底还能做什么！"

父母发怒的同时，一定没留意孩子脸上的委屈与落寞。其实，孩子由于身心发展水平较低，认知能力、思维发展、自我控制能力等比较差，犯一些小错误是难免的，也是情有可原的。如果父母对其要求过于苛刻，总是不停地指责孩子，势必给孩子的心理造成负面影响，使他不得不成了一个"弱者"。

徐晓雪是个12岁的女孩儿，但她从来都不快乐。为什么会如此，她在日记里如此表达：

现在，我真的不想回家了。每天我刚一进家门，妈妈就开始唠叨，说什么"你一点都不争气啦、学习不用功啦、在家里做作业慢吞吞的啦、一点上进心都没有啦……"有的时候，她还会说："你这也做不好，那也做不好，你以后到底能干得了什么呢？是不是要让爸爸妈妈养你一辈子？"

这样的语言几乎每天都能听见。的确，我承认有些事情做得不够好，可是这就能判断我就是个一无是处的人吗？妈妈总是在指责我，说我不行，难道我就一点都不好吗？我的数学也考过100分呀，可是妈妈却视而不见，我也是小队长啊，可是妈妈却觉得当个小队长没啥意思……难道我不是爸爸妈妈所生的？若是他们爱我，爸爸妈妈不可能对我这么凶……我现在都不知道怎么做才能让妈妈满意了。

也许妈妈说得没错吧，我真的是个废物。我到底能做好什么呢？

一个不过十几岁的孩子却有如此沉重的心情，可见父母把她逼到了何种程度。不仅是徐晓雪的父母，大多数爸爸妈妈的标杆永远超越孩子的水

平，这就是今天许多孩子的悲哀之源。

在父母看来，一件很简单的事情孩子总是做不好，难道这就不能批评教育吗？诚然，适当的批评能够让孩子做出积极的调整，但如果父母对孩子有错必究，指责铺天盖地，那么会严重挫伤孩子的自尊心与自信心。时间长了，孩子就会形成一种消极的思想："对，我就是什么都做不好！我不行！"自卑的种子从此在心中生根发芽，正如案例中的徐晓雪。

有机构通过调查发现，长期被父母指责的孩子往往会出现紧张、不知所措的情绪，并且从心理上疏远父母，影响父子、母子的感情。久而久之，他们会把这种情绪带至其他环境之中，严重影响正常的人际交往。

其实，孩子也是人，他也希望得到别人的理解，盼望公正的评价，可是当父母时常把孩子贬损得一无是处的时候，孩子就会表现出明显的抑郁，既影响健康，又会产生厌世情绪，甚至做出伤害自己及他人的极端行为。所以，父母不要过多地指责孩子，即使他犯了错，也应该懂得"人非圣贤，孰能无过"，帮助孩子从失败的阴影中走出。

好父母教子妙策

1. 别强调孩子的弱项

也许孩子的某个方面的确没有优势，但父母也不可因此再"强化"。例如，孩子的身体不好，体育各项目自然不甚优秀，这个时候如果父母说："瞧你瘦得像猴一样，你能跳得远么？你能把铅球掷到10米开外吗？"孩子必然会感到"受歧视"，认定自己就是无能。

正确的做法应当是，父母努力开导孩子："没关系，体育成绩不好，咱们可以锻炼啊！刘翔也不是生下来就会跨栏。别人练习半个小时，咱们就练一个小时，总会有提高的！"这样，孩子自然感到信心满满，也会努力消除自己的弱项。

2. 别评论，让孩子多尝试

看到孩子失败时父母先别着急着评论，不妨让他多尝试几次。其实，孩子失败的重要原因之一是由于不熟练。当他渐渐明白一件事的方法与技巧后，失败自然会越来越少。

这天吃完饭，爸爸批准了孩子自己收拾餐桌、自己刷碗的请求。他和妻子就坐在客厅里，观察着餐厅和厨房的一切。"啪"，小碗掉地上了；"哗啦"，筷子撒了一地……妈妈有些坐不住了，想要站起来。

这时候，爸爸拽住了她，小声说："别着急，让孩子一点点来吧！"

就这样，孩子磕磕绊绊地用了两个小时才把锅碗瓢盆收拾好，期间还打碎了两个盘子。不过，爸爸没有批评她，反而竖起了大拇指。

从这以后，孩子每天都要收拾碗筷，没过半个月就做得无比利索。妈妈这才意识到当时没有训孩子是多么正确！

总是抱怨孩子"一无是处"的父母不妨换个角度去看孩子吧。也许，他的优点你还没发现。即使他总是失败，父母也应多多鼓励，让他从中吸取教训。做家长是一门学问，只有不断地完善自己，改进自己的教育方式，积极和孩子沟通，我们的孩子才能更优秀！

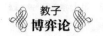 怎样做才能让孩子接受批评

很多孩子听惯了夸赞，对于别人的批评很难接受，俨然是"老虎的屁股摸不得"。那些难以接受批评的孩子在长大之后，也大多会对批评持逃避甚至不屑的态度。结果往往是因自视甚高，难以容下他人而必将失去别人的拥护和喜爱。

因此，做父母的要让孩子从小学会接受批评，这样不管是对孩子人格方面的塑造还是对其事业的成功，都有着积极的意义。

或许有父母会说："批评人，这谁不会啊？"但实际上，批评并非像这些父母们想得这么简单。很多孩子恰恰是因为接受不了父母批评时的态度、方式和方法，而无法接受父母的批评。

可是，我们又不能否认批评的重要性，它就像一面镜子，能够照出孩子身上所存在的不足，促进孩子不断完善自己。我们知道，正确面对批评的态度是"有则改之，无则加勉"，只是孩子们很难做到。因为"忠言逆耳，良药苦口"嘛！批评的话当然没有表扬的话让人听着舒坦，甚至还让人自尊心遭受打击、面子上下不来。因此，要想让孩子接受批评，父母们先要学会如何"批评"。

宇飞是个自尊心特别强的男孩，从小就受不了别人对他的批评。哪怕老师或父母指出他一点点不是之处，但凡说他一丁点儿的不好，他就嘟起嘴巴来，要么拉长脸不理人家，要么找出这样那样的理由进行反驳。

　　年终将近，各个班级要评选一名"全优生"，也就是德智体各个方面都均衡发展而且成绩不错的学生。宇飞心想，这次"全优生"的评选肯定是自己，因为自己的学习成绩毕竟是几个学期以来唯一一个始终在前三名的学生，虽然体育方面略差了些，但应该不会受到影响。

　　几天之后，评选结果揭晓，最终当选的是另一个同学。这样的结果令宇飞失望之极，同时也愤愤不平。老师察觉了宇飞的情绪后，把他叫到办公室说道："宇飞，你知道为什么你没评上'全优生'吗？根据同学们的投票情况来看，大家都觉得你自我感觉太好，容忍不了别人对你的批评。你看看当选的王亮，他虽然成绩没你好，但是他能虚心接受老师和同学的批评，让自己不断地进步。"

　　听了老师的话，宇飞还是不服气，他愤愤地说道："才不是这样呢，他缺点多大家才批评他，我没有缺点，为什么要批评我？"

　　老师见状不得不让宇飞暂时平静一下，并递给了他一杯水。过了几分钟，老师继续说道："哪个人能没有缺点和不足呢？毫无缺点的人是不存在的。老师知道，同学们也知道，你有很多的优点，学习好，品德好，如果你再能接受别人指出来的不足，那就会更优秀的。如果你愿意，老师愿意和你打个赌，如果你改正这一点，在下一学期评选优等生的时候你会胜券在握的。"

　　听了老师一番语重心长的话，宇飞似乎也意识到了自身问题所在。

　　虽然事例中教导宇飞的是他的老师，但这样的做法对于父母同样适用。和成年人一样，孩子也喜欢别人对自己夸赞。我们也一直鼓励父母不要吝啬对孩子的夸奖。但是什么事都有个度，一味地对孩子进行赞扬，会让孩子只听得进好话，而听不进表扬，就像曾经的宇飞那样，接受不了任何人的批评。

事实上，就像宇飞的老师所说，每个人都不是完美的，都存在这样那样的缺点，成长中的孩子更是如此。如果把孩子的缺点比作树木上的枯枝，那么批评就是为了帮孩子剪掉这些枯枝，使其更加茁壮地成长。一个能够接受批评的孩子才具备完整的人格，才有更高的情商。这样的孩子才会在将来的生活和工作中更好地适应周围的环境。

当然，批评虽然不可或缺，但做起来却并不那么容易。德国教育家老卡尔·威特认为，对孩子的批评最重要的是要让孩子心服口服。为此，我们建议父母们在和孩子交流的时候要明白"怎么说"和"说什么"同样重要。我们说话的态度和内容都会对孩子产生一定的作用和影响。

要让孩子学会接受批评，"善待"批评，父母们需要下一番功夫，学会用诚恳的态度和有技巧性的语言进行批评。

好父母教子妙策

1. 父母要为孩子有意识地早一些"引进"批评

虽说教育孩子要以表扬为主，但是也要让孩子听到反面的批评，而且越早"引进"批评越好。这是因为幼儿时期就能适应批评的孩子能够更好地接纳来自他人的不同意见。这样的孩子长大后才能用正确的态度来对待来自他人的批评，才更容易适应环境，适应社会。

2. 不要只看到孩子的错处

孩子犯了错，父母自然要进行批评。这时候，我们往往只看到孩子做错的地方，于是针对这一点对孩子进行指责和教育。

但事实上孩子往往并不是所有地方都是错的，必定还有许多可取之处。如果父母只针对眼前的措施对孩子进行批评，将他的优点抛之脑后，那么就很容易让孩子觉得在父母看来自己身上只有缺点，没有优点。这样一来，孩子要么会产生自卑感以至于自暴自弃，要么会对父母持逆反心理，父母越批评自己越听不进去。

因此，我们希望父母们在批评孩子的时候先表扬一下孩子做得好的地方，然后再指出做的不对的地方。这样一来，孩子才会感受到父母并不是只盯着自己的错处，而是能够全面地看待自己的。

3. 批评不要当着众人的面

美国教育家斯特娜夫人认为："自尊心是一个人品德的基础。若失去了自尊心，一个人的品德就会瓦解，人之所以变成了醉汉、赌徒、乞丐和盗贼，都是由于失去了自尊心的结果。父母经常絮叨孩子的过失，就有损于孩子的自尊心，这是不正确的。在他人面前揭露孩子短处的父母，不配做父母。"

因此说来，当我们对孩子进行批评的时候千万不要在大庭广众之下，甚至在亲戚、朋友面前也不要批评孩子，正确的做法是私下里单独对孩子进行批评教育。否则，会让孩子自尊心受到打击，让他感到无地自容，这样不但达不到批评的效果，反而有可能让孩子对父母产生怨恨。

孩子的错误应该被全盘否定吗

作为家长，你是否有这样的感受：孩子小的时候，你总是给予他这样那样的夸奖，比如他可以自己吃饭，你会夸他真棒；他能自己穿衣，你也会夸他好厉害；他能自己上厕所方便，你同样会夸他不简单……可是，随着孩子逐渐长大，他们能做的事情越来越多的时候，你反而不像以前那么爱夸奖孩子了。相反，你给孩子的更多的是批评。这种现象正常吗？符合教育规律吗？

孩子们都是通过周围人对自己或肯定、或否定的评价中认识自己、寻找方向、不断前进的，特别是父母对孩子的评价至关重要。你给予孩子的肯定性评价会使他获得愉快的心理体验，产生激励作用，促使孩子自信；若给孩子的是否定性评价，就会使他心里不愉快，孩子要么会反思自身的问题，努力改正，要么会使自信心减弱，产生自卑情绪。

事实上，包括我们自己在内，任何一个人渴望被别人肯定的心理需要都大大超过被别人否定的心理需要。所以，我们要坚持看到孩子的优点，即使孩子犯了错误，也要在他的错误行为中看到值得表扬的地方。

诗人泰戈尔曾意味深长地说过："当你把所有的错误都关在门外时，真理也要被关在门外了。"这句话给我们的启示就是：不要把孩子的错看得太过严肃，要允许孩子犯错。这样，我们才能在错误中找出孩子的长处，鼓励孩子再接再厉，让孩子获得更多的体验和更好的成长。

一对母女在公交站等车。风很大，大风把妈妈的帽子撩了起来。妈妈试图用手按住帽子，可是一只手拎着包，另一只手拿着一袋东西，非常不方便。

见此情景，女儿连忙对妈妈说："妈妈，我给您拿包吧。"妈妈犹豫了一下，把包递给了女儿，然后用腾出来的手按着帽子。

这时候风不但没停反而更大了。女孩一不小心居然让包掉到了站台下的水洼里。女孩赶紧捡起包，满脸不安。她的妈妈脸色骤变，厉声训斥女儿："你说你怎么这么笨！连个包都拿不住！你看，包都脏了，你让我怎么拿？"

女儿惭愧地低着头，一句话也没说，眼泪哗哗地涌出来，妈妈的训斥伤了她的自尊和自信。

看完这故事，你是否会觉得这个妈妈做得有些过分呢？孩子本是一番好意，但由于失误而发生了不好的状况，妈妈不但没有感谢孩子的帮助，反而横加训斥。想想看，以后再有这样的情况，女儿还会主动从妈妈的手里接过包吗？

如果妈妈的反应是下面这样或许就是另外一番情景了。我们不妨假设一下：见女儿不小心将包弄脏，妈妈没有责备，而是拿出纸巾将包上的污渍擦干净，然后对孩子说："没事，你看，皮包擦擦就干净了。"

"我不是故意的，妈妈你不怪我吧？"孩子小声地问道。

妈妈微微一笑说道："当然不怪你。你主动帮妈妈拿包，说明你很乐于助人，妈妈高兴还来不及呢！"

妈妈这样的说法不但会让孩子心理上放松，而且孩子还会因为得到妈妈的理解和表扬更具自信心。同样一件事，不同的处理方式换来的是截然

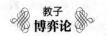
相反的结果。哪种结果更理想，家长们应该一目了然了吧！

其实，在陪伴孩子成长的过程中，家长们发现孩子的错误一点都不难。但能够从错误中发现孩子的优点，并用赏识的态度和语言设计出充满爱的教育场景则是比较难的。正是这种比较难的教育方法才会在对孩子的赏识中完成"润物细无声"的教育，促进孩子更好更快地成长。

5岁多的安琪见妈妈在厨房里洗碗觉得很好玩，就缠着妈妈让她洗碗。

看着好奇的女儿，妈妈决定让她试试。妈妈先示范给安琪看，安琪认真地看着，洗起碗来也是有模有样，妈妈忍不住夸奖了她。可是当妈妈转身整理冰箱的时候，突然听到"砰"的一声，安琪叫了起来："妈妈，我把碗给打碎了！"

妈妈顿时很想发火，但是她努力克制着，长舒一口气后把火气压了下去。她想：毕竟孩子还小，她能提出来帮我洗碗，是一番好心啊，虽说打破了一个碗，可是也没必要因此而批评她。想到这里，她赶紧关心地问道："来，让妈妈看看，有没有伤到你的手？"

安琪紧张地看着妈妈，说："我的手没事。可是，碗已经被我打破了！"

妈妈安慰道："没关系，打破一个碗不要紧。重要的是，我家的安琪学会了洗碗，妈妈为你自豪。没有人很容易就学会一件事的，总会遇到点困难。你不要怕，妈妈收拾一下碎片，你还愿意接着洗吗？"

安琪不好意思地说："愿意。"

妈妈听了，笑着夸奖道："我们的安琪真是个勇敢的孩子。不过，在洗碗的时候一定要小心，就像妈妈这样，好吗？"

安琪高兴地说："知道了，妈妈。"

案例中安琪的妈妈做得很好。她的鼓励不仅让女儿认识到该怎样正确地洗碗，而且鼓励了孩子在遇到苦难时不要退缩，要努力去克服。同样作为妈妈，你是不是也很期待这样的结果呢？

由此可见，对孩子的表扬不仅要看结果，还要看过程。孩子好心办了坏事，这时我们如果不分青红皂白一顿批评，孩子也许就不敢尝试自己做事了。

不可否认，错误谁都会犯，何况是孩子？作为家长，我们要做的是多发现孩子的优点，即使孩子犯了错，我们也要在错误中找到孩子值得表扬和肯定的地方予以鼓励，帮助孩子把缺点改掉。家长们需要记住，人无完人，我们不能求全责备，要允许孩子犯错。事实上，不管是孩子还是大人，都是在改正错误的过程中不断地走向自信、走向成熟的。

好父母教子妙策

1. 看清楚孩子的动机和结果

我们判断孩子行为的对错，结果是次要的，最重要的是看孩子的动机是怎样的。因为对孩子来说，做事情的动机是其品质的体现，我们在遇到孩子好心办错事的时候，大可以忽略结果或弱化结果的作用。要知道，孩子好的动机是很难得也是很重要的。很多时候孩子其实是出于好心而办错了事情，这个时候我们更不应该责备孩子。应该告诉孩子："虽然犯了错误，但是你的出发点是好的。"

2. 让孩子学会总结经验教训

事实上，总结经验教训就是对自我行为的一种反省。例如，孩子和小朋友之间产生了矛盾，如果他是在与对方打架的时候吃了亏，那么他会

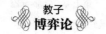
考虑："上次和别人发生矛盾，我用'武力'来解决问题结果吃亏了，被人家打了。以后再遇到同类的问题我是不是能找到更好的解决办法呢？"

此时，父母不必将自己的价值观强加到孩子身上，只须引导即可。父母可以说："怎么会出现这种结果呢？你好好想一想，如果用妈妈跟你说的方法去做，结果会怎样呢？""有时候，你需要听听他人的意见，这样就会避免一些问题。"

3. 引导孩子预见事物的后果

由于孩子想法单纯，有时候他们做事会很冲动，根本不考虑后果，或者说他们能够预见到的后果和成年人能够预见到的是不一样的。这时候就需要父母给予适当引导，如果孩子还不能和你一样思考问题，那么你不妨让孩子尝试一下，按孩子的想法去做可能会得到出乎孩子意料的结果，那时孩子就学会反省自己的行为了。

父母一句"你真笨"，孩子信心被打击

家长对孩子的评价对孩子来说是十分重要的，可能一句简单的口头禅就足以改变孩子的一生。家长不可对自己的孩子说会挫伤他们积极性的话，孩子的自信心建立起来不容易，而打击孩子的自信却是很容易做到的。

来自家长的语言暗示对孩子的影响是十分重要的。如果我们经常用某一个词语来形容自己的孩子，那他就会在不知不觉中去"迎合"我们所制定的标准。如果我们总是对自己的孩子说"你真笨！"那么在他的内心深处就会给自己下了一个定义：我就是笨，我就是不聪明。这样一来，孩子无论做什么事情都会没有信心。

边晓星是初中二年级的学生，由于学习成绩很差，所以她总怕家长批评。那天，边晓星从老师手里接过英语试卷一看，心想：糟了！只有53分。

边晓星知道，这次又要挨一顿臭骂了。她垂头丧气地回到家中，看到妈妈在家，她就十分胆怯地靠在门边，头恨不得低到脚面上，她对妈妈说："妈妈，我英语只考了53分。"

妈妈果然大吼道："什么？53分！你居然才考53分！我看你刚进门时的样子就知道你没考好。真不知道怎么生了你这么个笨孩子，妈妈小时候可是没出过前十名的。你看看咱们楼上楼下、街里街坊的孩子，哪个像你这么笨呀！"

听完妈妈这一顿斥责的话，边晓星禁不住流下泪来。她的妈妈则更不耐烦了，烦躁地说："哭哭哭，有什么好哭的，这么笨还好意思哭？"

或许现实生活中像边晓星妈妈这样的家长不会很多，但也不是很少见。对于摊上这样的家长的孩子，我们只能报以同情。不难想象，在妈妈的训斥和挖苦下，边晓星的心理一定会留下阴影。可见，如果家长只给孩子负面的评价，那么只会给孩子带来消极的影响，对孩子的成长有百害而无一利。因为你经常把孩子的"笨"挂在嘴边，就会对孩子造成不利的思维习惯，他们会默默地接受这样的评价，就会把自己不会做什么事情当作是

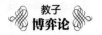

很正常的事情，因为他们遇到难题的时候心里的自然反应就是"我笨"。

父母不经意的一句"你怎么这么笨"就会造成孩子自信心的瓦解，而缺乏自信的孩子做什么事情都不会有动力。时间久了，家长们就会发现，孩子离自己的期望值越来越远了。殊不知，这都是由我们自己在平时对孩子的语言暗示造成的结果。

所以，我们要提醒父母们，不要以点盖面，仅仅凭借孩子学习不好而全面否定孩子的一切。一句"笨"出口容易，但孩子受到伤害的心灵却是难以弥补的。

好父母教子妙策

1. 增加孩子遭遇挫折时的承受力

当孩子遇到困难时父母没必要立刻动手，要把面对失利的空间和机会留给孩子自己。比如，孩子用积木搭了一座高楼，可是快成功时"楼"塌了。看着他沮丧的表情，父母尽量不要直接替他解决问题，帮他把"楼"建起来，而应和他一起讨论，引导他去思考，让他自己去想办法解决问题。

2. 帮助孩子创造感受成功的学习机会

为了让孩子更有成就感和自信心，父母们可以为孩子降低学习难度，让孩子多做些基础题和中等题。在学习时可以按先易后难、先轻松后繁重、先有趣后枯燥的原则进行。另外，父母们尽量让孩子树立小的、容易实现的目标，使其在并不困难的情况下完成任务，实现目标之后自然会获得成功的满足感。

3. 锻炼孩子的意志

锻炼孩子多从事需要耐力的活动，比如登山、长跑等。对孩子不要大包大揽，要允许他们自己做，相信他们的能力，允许他们出错、反复、重新开始。

4. 期望和信任是必不可少的进取动力

作为父母，可以多与孩子沟通，把对孩子的信任和期望表达出来，并对微小的进步及时给予鼓励，帮助孩子分析、面对困难与挫折，这样不但可以愉悦心情，还可以促进进取。

鼓励虽好，但别把孩子压垮

望子成龙，望女成凤，每个父母都希望自己的孩子出色，能够受到老师、同学的关注。父母的这种期望没有错，但是，如果对孩子的期望超出了孩子的能力，它所产生的各种副作用是相当可怕的。

"孩子，你可是全家的寄托啊！你一定要比××强！"这种看似鼓励的话相信家长们都说过。不错，这句话的确提高了孩子的竞争意识，但是我们没想到，也正是这句话把孩子窄窄的肩膀彻底压垮……

贾兰生活在一个普通家庭，父母都是钢铁厂的工人。生活的艰辛让父母对她充满了期望。"孩子，你可要努力，你是全家的寄托啊！"贾兰听

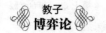

着这些，瞪着无辜的眼睛眨了眨眼。

父母是这么说的，也是这么做的。上小学时，妈妈给她报了美术、舞蹈、英语、钢琴、书法五个辅导班，贾兰要做各种练习，晚上十二点以前不能睡觉，星期天则是上完这个辅导班接着上那个辅导班。看到贾兰想抱怨，妈妈立马说："孩子，别忘了你担负着全家的责任！下一次，你一定要击败那个第一名！"

进入初中后，贾兰肩上的压力更大了，妈妈要求她每次考试都要得第一。为此，贾兰为了功课很少离开书桌，根本不像十几岁的孩子。中考时，贾兰以优异的成绩考上了一所高中，但父母却认为这所学校不利于孩子的发展，花了三万元的赞助费让女儿上了一所省重点高中。

进入高中，贾兰这才发现，想要当第一并不是容易的事情。她坚持不懈努力地学习，到高二时，在班上的学习成绩终于跻身前十名。然而，就在高考模拟的前夕，她却意外晕倒在了考场上……

在医院，贾兰向老师说出了这样一番话："从小到大，家人就是让我出人头地。从我记事起，父母都要求我考第一，我真担心有一天做不到的时候，会是什么样的结局……每当我从噩梦醒来，我脑海里就浮现出父母的那句话，'你可是全家的寄托啊！'"

正是由于父母的高期望，贾兰失去了活泼和无忧无虑的生活。也正是这份高期望，将孩子被逼上了人生的绝路。

"你可是全家的寄托啊！"相信所有的孩子对这句话都毫不陌生，同时也无比恐惧。在一次中小学生心理调查中，有87%的学生感到学习困难的原因不是智商与学习能力的因素，而是情绪因素。在家长的高期望值下，孩子们会表现出厌学、考试焦虑、丧失自信、自我形象贬低、胆怯畏难等。这就是为什么有的父母为孩子大投入却收效甚微的原因所在。

父母应当明白，孩子只是雏鹰，虽然未来他需要面对各种竞争，但他更需要一个快乐的童年。父母希望孩子有出息是对的，可是对孩子的要求一定要符合其年龄特征和个性特征，对孩子的期望值并非越高越好，不切实际的期望反而会扼杀孩子的天性，引起孩子逆反、压抑和怨恨等种种负面情绪。

父母要摆正期望的天平，这是当代家庭教育中必须引起重视的问题。

好父母教子妙策

1. 降低对孩子的期望

首先，父母在脑海里要有这样的意识：考第一的孩子不一定都能够健康成长，不一定有个顺利的人生。父母应该降低对孩子的期望，比如孩子成绩比上一次提高了、钢琴有了进步，父母就要适当鼓励孩子，表现出自己的喜悦之情，这样孩子才有动力。

2. 给孩子合理的定位

在成长的路上，孩子需要的是赞扬、是成功的体会。所以，父母应给孩子合理定位，让孩子尝到成功的喜悦。

加伦按照妈妈的要求，报名参加了美术班。与其他从小学画画的同学相比他还有很大的差距。因此，妈妈并没有要求他考到第几名，只是对他说："孩子，希望你能从美术中体会到快乐！现在，你的任务就是打好基础，等将来咱们再超越他们！"一个学期结束了，加伦的画虽然不是最好，但也得到了明显的提高。妈妈很高兴，奖励了他一部游戏机，并对他说："咱们下学期到中游水平就行！"

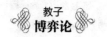
就这样，在几年的时间里，加伦逐渐地提高着，在美术学习中感到了无尽的快乐。最后，他成为全班唯一一个考入中央美院附中的学生！

加伦妈妈的方法就非常适合孩子。分步骤地计划而不是下达硬性指标，这样孩子就会扫除恐惧感，学习起来轻松许多。同时，父母还应允许孩子犯点小错，允许孩子有失落低谷，允许孩子有偶尔的失误。

3. 别拿客观条件给孩子施压

有的父母为了"刺激"孩子，总喜欢这么说："孩子，我和你爸爸为了你上学是砸锅卖铁啊，你怎么就是这么不争气，差几分就能拿第一了，你怎么不想想我们为了你多么操劳啊。"

表面上看，这样会刺激孩子的进取心，让他充满竞争意识，但这更容易让孩子产生很强烈的内疚感、自卑感。父母一定要知道，你为孩子所做的一切都是你的义务，不要跟孩子谈条件。只有让孩子按照规律正常成长，他才能展现出无穷的智慧，在潜移默化中达到你期望的目标。

孩子终究只是孩子，无法承担过多的压力。倘若将一个家族的希望寄托在他的身上，那么他势必会如挂满了衣服的小树，只能歪歪扭扭地成长。所以，诸如"你可是全家的寄托"这种话，父母还是少说为妙。

表扬太多会导致孩子自满

如今，以称赞的方式来帮助孩子进步似乎已经成了全球育儿的新趋势。父母们认为，赞扬会帮助孩子树立自信，从而取得成就。连大名鼎鼎的英国《每日邮报》也曾报道："表扬已成为现代育儿方法中的一剂万能药。"

但是，中国的父母也别忘了这个成语：物极必反。假如父母因为孩子完成一些力所能及的小事就大加赞赏，对孩子的成长反而不是非常有利。因为，父母这样做可能使孩子不再努力钻研，不知道自己需要付出多少努力才能取得真正意义上的成功。对表扬有所节制和不滥用，才是表扬发挥表扬激励作用的秘诀所在。

爱博从小时候起就对音乐展现出了过人的天赋，凡是接触过他的人，都认为他是一个神童。甚至有人说，这孩子以后绝对会成为一个伟大的艺术家。因此，他的父母就对他进行音乐方面的培养，还专门聘请了家庭教师。

到了四五岁的时候，爱博就通晓了所有的乐理知识，而且能够熟练演奏很多乐器，尤其精通钢琴和小提琴。在他周围的所有人看来，这真是一件不可思议的事！

当然，没有人是完美无瑕的，更何况一个小孩子。有一次，爱博的家庭教师给他指出了一点不足，建议他在音乐的表现力上再加强一些，因为

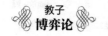

仅仅凭技巧很难抒发出音乐情感。没想到，听惯了赞美声的爱博对于老师的意见不屑一顾，甚至大为恼火："你认为我连这都不懂吗？你认为我除了技巧的东西别的都不会吗？"

显然，爱博根本听不进老师的话，他自以为是地认为自己就是音乐天才，他所做的一切都是正确的、是无人能及的。老师无奈地离开了，他认为这样教下去自己生气不说，爱博也难成气候。

后来的事实证明，这位老师的判断是正确的。爱博总是以"音乐神童"自居，经常随意改动那些优秀的经典作品，他认为那些作者都太平庸了。再后来，赞扬他的人越来越少，而长大后的他也终日光顾酒吧，再没了小时候的神采奕奕。

赞美的确能够让孩子拥有自信，但是过度的夸奖则可能是孩子前进路途中的障碍。骄傲使人落后是人人皆知的道理，可是在现实生活中，当一些孩子在取得较好的成绩之后，有很多父母唯恐别人不知道自己孩子的优秀之处，喜欢到处夸奖自己的孩子，岂不知，这样的结果往往会害了孩子，很容易将孩子本身的潜能扼杀掉，让孩子变成一个碌碌无为的人，毁了孩子一生的前途。

为什么会这样？这是因为，表扬并不总是与孩子品质的养成同步增长，习惯性地接受表扬会导致孩子对表扬的依赖，无论做什么事情，目的就是为了得到表扬；而司空见惯、唾手可得的表扬又可能会使孩子对表扬无动于衷，从而逐渐失去对完成各种任务的兴趣。这绝不是危言耸听，相关组织做过的跟踪调查和实验结果表明，小时候因为对人慷慨大方而总是受到表扬的人更吝啬和冷漠。

过多的表扬对孩子的影响还有很多，其中之一就是对自信心和专心致志意识的培养产生不利影响。很多时候，为防止出现可能的失败，他们会不惜放弃参与一些带有挑战性的集体活动的良好机会。长大成人之后，他们的性格和心理表现方面会有一个明显的特点：既害怕自我挑战，又害怕别人挑战自己。

所以，当孩子正在做或已经完成某件有意义的事情后，给予赞美是必须的。但是父母一定要掌握赞美的时机和原则，切不可滥加赞美，失去原则。

好父母教子妙策

1. 表扬要具体

表扬孩子的时候切忌笼统、模糊，比如"你真是一个好孩子""你真棒"这样的一般赞语，虽然这些话暂时能提高孩子的自信心，但会让孩子不明白自己好在哪里、为什么受表扬，且容易养成骄傲、听不得半点批评的坏习惯。

表扬孩子正确的方式应该是对孩子的优点和进步的具体细节给予肯定，使孩子明白他"好"在哪里。对孩子的表扬越具体，孩子越容易明白哪些是好的行为，越容易找准努力的方向。例如，孩子看完书后自己把书放回原处，摆放整齐，如果这时父母说："你自己把书收拾这么整齐，我真高兴！"那么他就会对整齐这个行为留下深刻的印象，而不是笼统地只记住一个"好"字。

2. 不能总用同一种表扬方式

人们都会对新鲜事物敏感，如果刺激总是千篇一律，没有什么新鲜元素进入的话，就不容易引起人们的注意。父母表扬孩子的方式也是同样的道理，如果总是用同一种方式对孩子进行表扬，孩子听得多了就很容易感到麻木。如此一来也就难以产生良好的动机，父母的表扬就失去了其本身应有的价值。

3. 表扬要看见过程

父母对孩子表扬时应重在过程而非结果。即便孩子失败了，奋斗的经历对孩子来说也是一种财富。例如，孩子想"自己的事自己干"，吃完饭后自己去刷碗，不小心把碗打破了。这时父母不分青红皂白一顿批评，孩子也许就不敢尝试自己做事了。如果父母冷静下来说："你想自己做事很好，但厨房路滑，要小心！"孩子的心情就放松了，不仅喜欢自己的事自己做，还会非常乐意帮家长去干其他家务。

4. 表扬要掌握好时机和分寸

孩子通过努力取得成绩或者做完了他理所应当做的事情，应该得到表扬，但当孩子已经养成良好的习惯后，就可以适当减少对孩子这一方面的赞美。点到即止地赞美孩子或给予适当的奖励如亲吻或搂抱，都会给孩子以奇妙的力量。

任何事情都有度，超越了正常范围反而会起到相反的效果。对孩子的赞美还是以适当为妙。

第八章

孩子不合群，父母捏把汗

每个父母都不希望孩子不合群

朋友是孩子生命中的阳光

总是接触"坏孩子"，如何教他快远离

如何让孩子懂得尊重别人

怎样让一个冷冰冰的孩子热情起来

教孩子告别懦弱，敢于说"不"

每个父母都不希望孩子不合群

古希腊著名哲学家亚里士多德曾经说过："人是社会的动物，因此，人不可能独立于社会而存在。一个人必须在与他人的交往中才能完成社会化过程，使自己逐渐成熟。"

如果一个孩子从小太过孤僻离群，长大以后会变得不爱与人交往，很难与他人合作、友好相处，甚至容易走极端，很难适应社会生活，对孩子的人生会产生极大的影响。

其实从孩子的天性来说，他们本该是调皮好动、天真活泼、乐群好交的，可能他们与大人在一起的时候比较拘谨，不能达到无所不言、无所不为的"自由"境界，因此一旦与同龄或基本上同龄的孩子在一起的时候，他们那种高兴劲头是成人难以理解的。通常他们喜欢跟一群小伙伴玩警察抓小偷的游戏；他们最喜欢拉拢一支"部队"去打"游击战"……

那些跟同龄人交往有障碍的孩子，这些障碍绝大多数都不是天生的，

基本上是因为不当的家庭教育方式所致。

　　鹏鹏的父亲最近愁眉不展，因为每次送儿子去上学他都要大哭，使劲搂着爸爸腿，喊着："爸爸，爸爸，我不上学，我要回家！"

　　好不容易硬是把儿子留到了幼儿园里，老师反映鹏鹏从不与同伴一起玩，上课时也从来不像其他孩子那样争着举手发言，老师主动把他叫起来发言，他总是默默站起来，一句话不说，小朋友们在一起开心地做游戏时，他总缩在旁边不出声，郁郁寡欢……

　　鹏鹏的父亲是看在眼里，非常着急，孩子在大人们的眼中应该是调皮好动、天真活泼的，为什么自己的儿子就这么孤僻离群呢？

　　其实不只鹏鹏，现在很大一部分孩子都存在孤僻离群、不爱与人交往的问题。尤其是现在的独生子女没有兄弟姐妹，从小缺少玩伴，在家里又长期娇生惯养，导致孩子喜欢独来独往，交往范围相对狭窄，精神世界日渐封闭，最后形成孤僻离群的性格。

　　现实生活中，很多家长都在做着不利于孩子与人交往的事情，限制着孩子的发展："不要出去啊，外边的坏人多着呢！"

　　"不要跟那个小朋友玩，他爸爸可是有名的赌鬼。"

　　"别烦我了，自己到你的房间里玩吧，我太累了。"

　　"你太小了，你出去玩，别的小朋友会欺负你的。"

　　听多了家长唠叨，孩子真不知道该怎么办，这也不行，那也不行，干脆跟谁也不打交道好了，封闭自己，不与他人交往就是了。久而久之，就形成独来独往、孤僻离群的性格。

　　还有些父母如鹏鹏的爸妈一样，将孩子交给保姆来照顾，很少安排时间与孩子在一起沟通交流，孩子很容易与父母之间产生"陌生感"和"距离感"，使心灵深处形成了一个不愿轻易向人开启的封闭世界。

好父母教子妙策

1. 家长要和睦相处、互敬互爱

从单亲家庭、离异家庭、留守家庭中走出来的孩子往往会有孤僻的现象，其中最大的原因就是父母关系不和、经常吵架，甚至当着孩子的面大打出手，不顾及孩子的感受，给孩子的幼小心灵留下巨大的冲击。生活在这种环境中的孩子往往处于紧张、不安的状态之中，他们缺乏安全感，很容易产生烦躁、自卑、压抑、孤僻的性格。更严重者在长大成人后，容易走上犯罪道路。

因此，为了孩子的身心健康，父母有责任和义务给予孩子一个温馨、和谐的家庭环境，让孩子能够感受家庭的温暖，身心也得到健康发展。

另外，父母要积极改善与孩子的关系，经常跟孩子交流，再忙碌的家长每天也应尽量抽时间与孩子游戏、散步、交谈，关注孩子的生活、学习和健康，多给孩子一些温暖，使孩子心中感觉到爸妈的爱，从而建立安全感、满足感。

2. 鼓励孩子多参加集体活动

很多父母认为，孩子只要成绩好就行了，别去参加那些浪费时间的活动；有的家长往往会担心孩子"上当""受欺负"；有的家长以为自己的经验传授足以代替孩子的实践，何必要让孩子去参加呢？

其实，父母应多鼓励孩子去参加集体活动，孩子在与同龄人的玩耍过程中会相互教会彼此怎么生活、怎么相处、怎么玩耍。这样，孩子不仅可

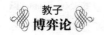

以结识许多的小伙伴，还可以在了解他人的基础上了解自己，学会用集体交往的规则调节自己的言行，学会尊重他人，信任他人，谅解他人，乐于助人，学会调节集体和个人的关系。

3. 鼓励孩子勇敢表达自己的感情

另外，孤僻的孩子往往比较内向，不爱表达，父母也要鼓励孩子去勇敢地表达自己的感情，让他学会接受别人的爱，同时付出自己的爱，达到爱的沟通和交流。这种爱的互通可以让阳光一点点照射进来，让孤僻孩子的心里逐渐温暖起来。

朋友是孩子生命中的阳光

虽然父母们都不希望孩子不合群，但考虑到种种因素，有一些父母在孩子的交友问题上给予的干涉和限制过多。在这种严格受限的家庭教育模式中成长起来的孩子，其渴望友谊的愿望往往得不到满足。结果就容易出现两种情况：一是孩子的社交能力得不到成长和发挥，变得越来越孤僻、自闭，一是孩子对父母形成怨恨情绪，无法建立起良好的亲子关系。

无论哪一种，实际上都不是父母们希望看到的。要想避免这一问题的出现，家长们要认识到交友对孩子的重要性，采取相应的引导措施，帮助孩子正确地参与社交，获得最具价值的友谊。

著名人际关系学家卡耐基说："一个人的成功15%是靠他的专业知

识，85%是依靠他的人际关系。"由此可知人际交往的重要性。人是群居动物，每个人的生存和发展都与他人有着密切的联系。人际交往能力是每个人都必须要具备的能力。

然而，现代社会中大多数家庭都只有一个孩子，现在的孩子大都是独生子女，没有兄弟姐妹的陪伴，在越来越狭小封闭的生活空间里，他们犹如笼中鸟，远离人群、交友甚少，电视机、电脑、游戏机、玩具成了他们的玩伴。由此带来了一个在一部分孩子身上会出现的问题，即孤僻、过于内向，甚至自闭等。殊不知，如果孩子小时候就养成了这样的性格，那么长大后能够成为一个善于交际的人的可能性也微乎其微。与此相反，那些小时候就善于交际的孩子往往长大后还会持续这种习惯，这使他们更容易融入环境，容易被他人接受。

为此，我们要特别提醒家长朋友，必须重视培养孩子的人际交往能力，从而培养他驾驭生活、完善自我的能力。

著名教育家卡尔·维特曾在一本书中讲到如何培养孩子交往能力的一件事，我们一起来看一下：

小卡尔有个经常交往的小伙伴，名字叫艾伦。艾伦的年纪略大于卡尔，但是很多方面却表现得不如卡尔。

当然，这并不是说艾伦是个多么差的孩子，只不过是因为小卡尔接受的家庭教育比较充分罢了。

有一次，小卡尔和艾伦一起搭建城堡，小卡尔的身份是作为"指挥者"，艾伦是"辅助者"，可即使这样，小卡尔对于艾伦的表现也很不满意，因为他不但没帮上什么忙，还总是把小卡尔已经建好的部分给破坏，使得这项伟大的"工程"进展缓慢。小卡尔为此非常恼火，就严肃批评了艾伦。回到家后，小卡尔把这件事讲给父亲听。父亲对他说道："艾伦之所以没有做好，很可能是缺乏信心，你如果能够容忍他的失误，鼓励一下他，他一定能够做好的。"

听了父亲这样说，小卡尔想试一试。第二天，他又找到艾伦一起玩搭建城堡的游戏。游戏之前，小卡尔先向艾伦道了歉，向艾伦说，自己昨天不该对他那种态度，希望艾伦别介意。

接下来，他们开始做游戏。这次，在整个游戏过程中小卡尔都没有指责艾伦，而是经常表扬他做得不错。果然，艾伦不仅不再笨手笨脚，而且做得非常不错。

通过这件事，小卡尔明白了鼓励的作用原来如此之大。他决定以后对和自己一起玩的小伙伴要多一些鼓励和表扬。

在小卡尔的鼓励下，艾伦从一个"笨手笨脚"的孩子成为一个心灵手巧的孩子，从中我们不难看出，对孩子来说，朋友的力量是多么强大！

确实，每一个孩子的健康成长都离不开团体生活，都需要朋友和伙伴，孤独会对他的心理造成负担和伤害。人际交往能力的缺乏将直接影响孩子孤僻性格的形成，对其将来的发展极为不利，容易使他们养成胆小害羞、懦弱怕事、孤傲自私、缺乏团队精神的不良品行。这样的孩子也无法得到快乐。

因此，父母要引起重视，找到造成孩子交友困难的原因，采取积极的措施，开导孩子广交善友，拥有良好的人际交往能力。

好父母教子妙策

1. 激励孩子的交往兴趣和欲望

家长应多多鼓励孩子拿出一些时间和精力去和同龄人聊天、游戏、交往，绝不能借口要看书学习而忽视孩子参与人际交往的机会。当孩子出现交际需求时要给予积极的鼓励；当孩子表现出对与他人交往的恐惧感和厌恶感时要耐心细致地与他交流，帮助他缓解紧张感，并为孩子创造交往的条件。千万不要以保持家庭的整洁、安宁为由，将孩子的朋友拒之门外。

2. 让孩子学会用尊重的语气说话

不少父母认为，自我表达意识强是健康的行为表现，因此，他们会允许孩子用大哭大闹的手段来发泄情绪。其实，多数孩子在顶撞了父母后会感到愧疚甚至害怕，如果父母对孩子的无理行为无动于衷，渐渐地孩子就不再关心自己的行为是否影响到了别人。同时，父母要明确地向孩子表达"应尊重他人"的想法，要跟孩子说："我不喜欢你用语言去伤害别人。"或"你应为你说过的伤人的话道歉"等。

3. 引导孩子妥善解决与他人的冲突和矛盾

在与他人的接触交往中，孩子们难免会发生矛盾和冲突。此时，家长就要引导孩子认识和化解矛盾，尽量让他自己思考解决矛盾的妥善之道，让孩子在自我调节的过程中学会耐心倾听对方的陈述和观点，适当时候我们再给予一定的帮助。当孩子学会了倾听和理解，他就掌握了解决冲突和矛盾的能力，同时学会了判断轻重，遇事时不会轻易采取攻击性的解决方式，从而使与别人的相处逐渐达到和谐的状态。

187

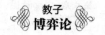

4. 父母要树立榜样的力量

对孩子来说，陪伴在他们身边的父母就是他们的镜子。如果父母不爱和别人交流，那么孩子必然受其影响，逐渐成为一个不爱和别人沟通的人。因此，要想让孩子善于交际，身为父母者要做出表率，待人要热情慷慨。当孩子处于这种环境中时，他能够从我们身上及周围环境中获得一种向往的力量。因为孩子会觉察这样的做法能赢得别人的友好，也能让自己融入群体之中，自己不再是"光杆司令"了。

总是接触"坏孩子"，如何教他快远离

作为成年人，我们都知道交朋友是件需要慎重的事，我们也都知道"近朱者赤，近墨者黑"的道理。所以在交往中，我们都希望能够交到和自己一样有着良好品行的人，自己愿意为对方付出爱心，也希望对方同样对自己付出爱心，而不希望和自己打交道的是一个"魔鬼"。

诚然，父母们都不希望自己的孩子孤孤单单、没有朋友，但父母们更不希望的是自己的孩子和那些喜欢欺负弱小同学、有不良家庭环境或不良背景，或是在学校里表现较差的孩子待在一起。

但现实情况往往是，有一部分孩子常常交上一些"坏朋友"并从他们那里学来一些不好的习惯，如骂人、撒谎、偷窃等。当父母发现自己孩子被侵染了这样的不良行为后，都会很恼火，恨不得使劲揍孩子一顿。

　　实际上，这样的情况并不是不能避免的。这需要家长们在陪伴孩子成长的过程中多一些关注，多一些引导。要知道，这种辨别朋友的习惯或者说能力不是一朝一夕能够具备的，它是需要从小培养的。在孩子的成长过程中，父母应引导孩子选择那些文明礼貌、学习勤奋、品质优良的孩子作为朋友。

　　乔是一位老师，但对自己儿子的教育却并不上心。就拿孩子交朋友这一点来讲，他不对孩子进行限制和约束，即使知道孩子和那些喜欢欺负人、爱偷东西的坏孩子们待在一起，他也无动于衷。他甚至认为，这样能让孩子接触到"形形色色"的人，领略丰富的人类社会和大千世界。另外，在乔看来，自己的儿子从小受到过良好的教育，他可以用自己良好的品德去影响那些坏孩子，为此他还鼓励儿子和那些坏孩子一起玩耍。

　　周末的一天，儿子到晚上10点钟才回到家。他告诉爸爸说，同伴中有几个孩子发生了矛盾，他对他们进行劝解了。乔听了儿子的话很为儿子的举动感到欣慰，立马抱过孩子来亲了亲。

　　然而乔并不知道，他被儿子欺骗了。实际上，儿子并没有去调解别人的矛盾，而是聚在一处小树林里和别人赌博了。

　　看来，即使有智慧如教师般的父亲，又使自己受到良好的教育，孩子也很难不被周围的环境给"污染"。周围同伴对孩子的影响力，从事例中乔的儿子的表现便可见端倪了。

　　父母们应该密切关注孩子交往的对象是何许人也，避免他们和坏孩子接触。与此同时，父母还要注意对待孩子结交坏孩子的做法，要以正面引导为主，不可进行严厉的批评，否则很有可能引起孩子的逆反心理或行

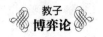

为。正确的做法是，多和孩子进行平等、平和的沟通，说出自己对他在交往中的态度、感受和建议。这样，孩子才会理解父母的意思，才会正确地选择朋友。

好父母教子妙策

1. 教孩子学会如何判断是非

支配一个人行为的往往是他的观念。对孩子来说，要想让他远离坏孩子、不沾染陋习，就要让他从小具备正确的观念，拥有判断是非的能力。这样，孩子就会知道什么样的孩子算好孩子，什么孩子是坏孩子，交朋友的时候孩子就知道如何选择了。

2. 多和孩子进行良好的沟通，告诉他父母的看法

孩子最受不了父母的唠叨、牢骚和抱怨。所以，在引导孩子择友方面，我们跟孩子进行沟通的时候，一定要避免引起孩子的反感，否则会让孩子觉得父母是在限制他、控制他的自由。那样会使他的反抗心理加重，父母的教育目的就适得其反了。良好的沟通是和孩子像朋友一样温和、平等地交流，彼此推心置腹地谈论如何辨别好人坏人、如何选择朋友。这样就会在很大程度上避免孩子产生一些不好的行为或是结交不该结交的朋友。

3. 了解孩子的交友动向

孩子的心智不成熟，即便是父母对其进行了相应的教育，也还是难免会出现判断失误、交上一些坏孩子做朋友的情况。当我们发现了这样的情况后不要横加干涉，而要以婉转的方式来引导。比如，我们可以有意识地避开孩子的实际情况，像讲故事一样讲一些类似的交友失败或带来危害的例子，让孩子自己感受这种交友方式的不妥当。

4. 父母以身作则，给孩子创设良好的家庭环境

父母的素质及家庭环境会直接影响孩子的性格和思想，父母应为孩子树立一种对他人、对社会有正确认识的心理，让他自己能够正确地判断人事物的好坏。

如何让孩子懂得尊重别人

尊重是所有人际关系的基础。一个不懂得尊重他人的人往往也得不到别人的尊重。美国哲学家约翰·杜威说："人类本质里最深远的驱策力就是希望具有重要性。每一个人来到世界上都有被尊重、被关怀、被肯定的渴望，当你满足了他的要求后，他就会对你尊重的那一个方面焕发出巨大的热情，成为你的好朋友。"

可以说，尊重别人是一种美德，一种对他人人格与价值的充分肯定，一种对别人不卑不亢、不仰不俯的平等态度。一个真正懂得尊重别人的人，必然会以平等的心态、平常的心情、平静的心境，去面对所有事业上的强者与弱者、所有生活中的幸运者与不幸者。

但是，现在很多孩子总是以自我为中心，不懂得怎样去关注除了自己以外的其他人，更不知道如何去尊重他人，还会时常做一些不尊重别人的行为。例如喜欢叫别人外号，见到残疾人会上前围观，见到他人陷入困境会加以嘲笑，看到他人倒霉会幸灾乐祸。

可能有些时候，孩子这样做只是好奇心作怪，想看热闹，有时也不过是想开个玩笑，有时则只是盲目地跟着别的孩子做。但是无论如何，孩子采取这些举动时，他并不知道已经伤害了别人。如果孩子幼小，在他自己尚未觉察的时候得不到大人的及时指导，孩子很有可能学不会分辨是非，无法纠正自己这种行为，进而导致日后也不会去尊重他人，无形中为自己将来的人生设置了重重难于逾越的障碍。因为一个不尊重别人的人是不会得到尊重的。

从另外一个角度讲，尊重别人也是一种人生必备的精神品德，有人说："尊重生命、尊重他人也就是在尊重自己的生命，是生命进程中的伴随物，也是心理健康的一个条件。"

所以，当发现自己的孩子不懂得尊重他人的时候，父母们会感到挠头：怎么养了这么个"熊孩子"，真是不懂事！

父母们的意识是好的，但让孩子从不懂得尊重到懂得尊重不是一朝一夕就能改变的，需要做家长的多给孩子帮助和引导，长期坚持下去，孩子才会具备尊重别人这一优良品德。

美国男孩拉凡·斯蒂恩讲过他的故事，他从父亲对一个贫苦孩子的尊重中懂得了如何做人：

爸爸在小镇上开了个小商店，我们称之为"我们自己的五金家具店"。有一天，父亲给我上的一堂课让我永远铭记在心。那是在圣诞节前的晚上，一个五六岁的小男孩走进商店，身上穿着一件棕褐色的旧衣服，袖口又脏又破。他的头发乱七八糟，还有一绺头发直直地立在前额上。

他的鞋子磨损得非常厉害，有一只鞋子的鞋带还是断的。在我看来，这个小男孩非常穷，穷得根本买不起任何东西。他在玩具部左看右看，不时拿起一两件玩具，然后又仔细地把它们放回原来的位置。

爸爸下楼走到小男孩身边，望着他那微笑着的眼睛及脸颊上深陷的两个漂亮酒窝，和蔼地问小男孩想买什么。小男孩说他想为他的兄弟买一件圣诞节礼物。爸爸对待他的态度就像接待成年人一样，这给我留下很深的印象。爸爸告诉他随便看，尽管挑，小男孩确实这样做了。

大约20分钟后，小男孩小心翼翼地拿起一架玩具飞机，走到我爸爸面前说："先生，这个多少钱？""你有多少钱？"爸爸问。

小男孩握着的拳头松开了。他的手掌因为紧握着钱而留下一道又湿又脏的折痕。手掌展开后，我看到里面有两枚一角的硬币、一枚五分镍币和两便士，折合27美分，而他选中的玩具飞机价值3.98美元。

"你的钱正好够。"爸爸接过男孩手中的钱，微笑着对他说。

爸爸的回答至今仍在我耳畔回响。在我为小男孩包装礼物的时候，我心里一直在想着这件事，当小男孩走出商店的时候，我没有再去注意他身上那件又脏又旧的衣服和他的乱蓬蓬的头发，以及那只断了的鞋带。我只看到一个怀抱珍宝的容光焕发的男孩。

爸爸那天的行为让我懂得，帮助一个弱者获得成功，不是去施舍他，而是帮助他获得自信、获得成就感，这是对人性最大的尊重。

故事中的父亲正是用自己的人格影响着孩子，为他上了一堂活生生的现实课，这一课让儿子铭记在心，永生难忘。父母作为孩子步入社会的最早领路人，要给孩子做好处处尊重他人的榜样的同时，在孩子的心中播下尊重别人的种子，让孩子学会去尊重别人，这是每位家长在教育孩子时值得借鉴的宝贵经验。

事实上，孩子只有懂得尊重别人，才可能去跟别人交往，从而建立

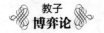

良好的人际关系。同时，尊重别人还可以使孩子获得一样珍贵的品质——自尊。尊重能鼓励孩子为别人着想，用希望别人对待自己的方式去对待别人，从而避免了暴力、不公平和仇恨的发生。一旦孩子学会去尊重他人，让尊重成为生活的一部分，他将更能关心他人的权利和感情，也会因此更加尊重自己。

好父母教子妙策

1. 父母要尊重和理解孩子

在教育孩子方面，鲁迅先生认为教育孩子首先要尊重和理解孩子。

曾经有一次，鲁迅在家中请客，儿子海婴也跟着大家在桌上一块吃。鱼圆端上桌大家纷纷夹着品尝时，客人都说这鱼圆新鲜可口。只有海婴说："妈妈，鱼圆是酸的！"妈妈以为儿子胡说八道，瞎捣乱胡闹，便小声责备了儿子几句，儿子撅着嘴巴不高兴。

鲁迅听后，便把海婴咬过的那只鱼圆尝了尝，果然不怎么新鲜，便颇有感慨地说："孩子说不新鲜，我们不加以查看就抹杀是不对的，看来我们也得尊重孩子说的话啊！"

要培养孩子尊重别人的品质，父母首先要尊重孩子，呵护孩子的自尊心。研究者认为，父母的态度和蔼可亲又不随意迁就，能够掌握住教育分寸，是培养孩子朴实、正直、无私等优秀品质的最佳条件。

国外对青年人的自尊心做的研究结果表明：谈起父母，那些有着强烈自尊心的青年会倍感亲切，同缺乏自尊心的青年相比，他们感到自己的父母更和蔼、更善良。

2. 让孩子建立起同情别人的态度

有个小孩和爸爸在公园里散步，看见一位老婆婆坐在凉亭里伤心地哭泣，于是问爸爸："那位婆婆为什么会哭呢？"

这个时候，父亲除了把可能引致婆婆伤心的原因给儿子分析明白外，不妨提一些自己以往类似的感受，令孩子感同身受，从而引导孩子做适当的行为，比如去安慰下婆婆、给婆婆讲个故事等。

这样孩子会认识到，在别人身上的情况也可能发生在自己身上，就能建立起同情别人的态度，去了解别人的处境和感受。如果事情真的发生在自己身上，自己又会有何感受？让他设身处地地体会到不受别人尊重的感受，从而学会尊重他人。

3. 告诉孩子，不要对任何人抱有成见

很多时候，我们很容易被"第一印象"或表面印象所左右。事实上，任何人和事物都是不断变化的，我们要告诉孩子，不要因为第一印象和表面印象而将其全盘否定。

不可否认，尽管人的职业、家庭和经历是我们判断个人的参考依据，但却不能作为判断一个人的唯一依据。要知道，一个人由于受到环境、阅历的熏陶，现在的他可能和过去的他完全两样，将来的他同样很可能和现在大不一样。

因此，家长们需要告诉孩子，不管所面对的交往中的人给自己的初步印象有多么不好，也不要对对方抱有成见，应该冷静分析，客观地看待对方。

4. 及时纠正孩子的"不尊重"行为

首先，要让孩子学会用尊重的语气跟他人说话。孩子一旦出现不妥当的情况，父母都要明确地向孩子表达"应尊重他人"的想法。

　　其次，要让孩子尝到不尊重人的后果。除了要将自己的明确态度向孩子表明后，还要对孩子出现的不尊重人的举动及时采取适当惩罚，比如制止他正在进行中的游戏，或把他已经放在购物车内的糖果退回货架。但是千万不可当着别人的面毫不留情地指责孩子的行为，否则事情就演变成你不尊重孩子了，可以在事情发生稍后尽快找个机会让他体会到不尊重人的后果，例如："你今天说了不尊重人的话，明天的零花钱将扣去一半。"并且按照自己的说法做到言出必行，而不只是吓唬孩子而已，否则很难达到教育的效果。

怎样让一个冷冰冰的孩子热情起来

　　父母们都有这样的感受，在与人交往过程中，我们都希望对方表现得热情，这会让我们很自然地对对方产生好感，觉得对方易于接近。假如对方流露出的是一种冷冰冰的面孔，那么我们就有一种被拒于千里之外的感觉，觉得对方很不容易亲近。大人如此，孩子们之间的交往同样如此。可以说，热情在人际交往中就像早晨打开窗户之后透进来的一股清新的空气，令人神清气爽、心旷神怡。

　　如果你的孩子表现出了明显的不合群，那么请观察一下，他是不是在人际交往中也不够热情呢？

一天放学，钊钊嘟着嘴走向前来接他的奶奶。奶奶见孙子不开心，忙说："是不是哪个小朋友又欺负你了？告诉奶奶，奶奶找老师，找他的家长说理去，看他还敢不敢欺负我们家宝贝孙子！"

对于奶奶的问话钊钊就像没听到似的，什么表示也没有，依然嘟着嘴。奶奶见孙子不开口也就不勉强，从包里拿出钊钊平时喜欢吃的零食，递到他手里让他吃。

回家后，刚从外地出差回来的爸爸见儿子闷闷不乐的样子，好奇地问："宝贝，这是怎么了？"钊钊看到许久未见的爸爸一点儿激动的心情也没有，对爸爸的问话也未予理睬，躲在奶奶身后继续吃着零食。

三年前，钊钊的父母离婚了，他归爸爸抚养。爸爸经常出差在外，陪伴钊钊的只有年过六旬的奶奶。一直以来，奶奶觉得孙子在单亲家庭生活，享受不到大多数孩子能够享受到的家庭的温暖，所以她觉得自己应该多宠爱孩子，补偿孩子缺失的东西。

只是奶奶还是秉持着老观念教育孩子，对于钊钊情商方面的培养从未重视，甚至根本就没有意识到。老人只知道百倍千倍地对孙子好，宠爱孙子。

实际上，原本性格就内向的钊钊再加上在一个不完整的家庭中生活，更加冷僻、自闭了，不爱与人打交道，也不会和别的孩子打交道。那天放学后钊钊闷闷不乐，原来是因为老师在班里组织了一个"成双成对"的游戏，也就是每个小朋友都要和另外一个小朋友结成同伴作为一组，再来和其他的同伴们一起做游戏。可是，没有一个人愿意和钊钊做朋友，大家都说他平时太冷漠了，笑都不会笑。

见到儿子这样，钊钊爸爸心里很不是滋味，他觉得亏欠儿子的太多了。也正是从此时开始，钊钊爸爸向单位提出以后让自己少出差的申请。

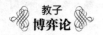

他甚至下定决心，如果单位不同意自己就离职。他不想再让儿子这么孤僻下去了，他希望儿子成为一个热情开朗、受人欢迎的快乐宝贝！

由于家庭环境及自身性格的原因，钊钊在人际交往中产生了一定的障碍，这给他造成了不小的困扰。好在他还有一个比较负责任的爸爸，在意识到儿子这方面的问题后及时做出了调整。我们也希望钊钊在爸爸的陪伴下能够早日告别冷僻，成为一个热情开朗的孩子。

在我们的生活中，像钊钊这样的孩子并不鲜见。由于家庭环境的影响或者由于被过度关注和疼爱，他们越来越缺乏热情，待人冷漠，没有朋友。

在这里，我们有必要奉劝广大父母，不管孩子本身是怎样的性格也不管家庭有了什么变故，我们都应尽量为孩子创造一个宽松、和谐的氛围，让孩子告别冷漠、孤僻，用热情收获友情。

好父母教子妙策

1. 创设良好的家庭氛围

对绝大多数孩子来讲，他们的冷漠并不是天生的，最主要的原因是不当的家庭教育。家长们给予孩子过多的爱，滋养了他"一切以自我为中心"的心理，造成了对他人的冷漠和隔膜。

还有的家庭中父母亲人之间缺乏温暖，不是拳脚相加就是冷漠相待。孩子长期处于这样的环境中根本感受不到更多的爱，自然就没有爱别人的能力。

为了能拥有一个热情的孩子，为了孩子能够拥有高质量的友谊，作为父母，我们要努力为孩子创设和谐的家庭氛围，让孩子轻松、开心地成长。

2. 对孩子热情待人的小事情要及时表扬

为了培养孩子热情待人，家长要注意观察孩子的日常表现。当发现孩子无意识地乐意帮助别人和热情待人的细小事情时，要及时肯定和表扬，这样会使孩子的行为从无意识过渡到有意识，以致不断强化和巩固。比如，当他发现小伙伴的东西不小心掉到了地上，就急忙走过去帮着捡起来递到对方手里；看到新的小朋友加入他们的集体后他能热情地上去打招呼。对这些行为家长都要及时表扬。

3. 让孩子用微笑展现热情

俗话说得好："开门不打笑脸人。"可见，没有人会对微笑"免疫"，在人际交往中，微笑的作用不可小觑。因此，我们不妨告诉孩子，要想获得同伴和同学之间的友谊，一定要学会微笑。让孩子知道，没有人喜欢闷闷不乐、整天耷拉着脸的人。有了微笑，他和小伙伴之间的距离自然会拉近，即使发生了矛盾也会因为微笑而冰释。

4. 学会主动，打声招呼问声好

孩子是否热情往往能从他与人打招呼方面看出端倪。那些见了熟人会主动打招呼，或者在父母的引导下礼貌地问声好的孩子，通常是比较热情的，在同龄人中间也往往更容易收获友谊。而那些在别人面前总是很腼腆、不敢打招呼的孩子往往在同龄人中间也是比较孤独、冷僻的。

前者自不必说，后者则需要父母更多地鼓励孩子接触陌生的环境，注重在实践中培养孩子的礼貌习惯。如果孩子没主动开口打招呼，我们也不要逼迫他，否则会让他把打招呼看成一种负担，效果也适得其反。正确的做法是，我们要给予耐心的引导和积极的鼓励，相信经过一定的锻炼，原本冷漠、孤僻的孩子就会热情大方地向他人打招呼了。

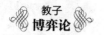

教孩子告别懦弱，敢于说"不"

父母们不希望自己的孩子飞扬跋扈，但也不希望自己的孩子胆小懦弱。一位妈妈通过微博道出了对孩子这方面的担忧：

"我们家孩子一直内向柔弱，在和小朋友相处的时候，总是对别人言听计从，从不敢拒绝别人。那些调皮的小朋友做值日的时候会找借口溜掉，只剩他一个人打扫，他累得衣服都湿透了也不敢跟老师说。原因是小朋友吓唬他，说如果敢告诉老师就对他不客气。这样下去，真不知道如何是好？"

同样作为父母，你是否也有过类似的担忧呢？在考虑这个问题之前，请你先回顾一下，孩子是否有过下面这样的情况吧：

在外面被人欺负了，不敢吱声，回家也不敢告诉父母；

他正做着作业，忽然有同学打来电话约他出去玩。他明明不想去却没有拒绝，于是违心地答应下来；

有同伴总是故意把自己不爱做的事让他来做，还在其他事情上故意找碴儿……

类似这样的情况，其实都是孩子懦弱的表现。一个懦弱的孩子性格上是有缺陷的，会意志薄弱、不懂拒绝。父母一旦发现这样的苗头一定要重视起来，帮助孩子摆脱懦弱的不良性格。

佳萱在断掉母乳之后就跟着外婆生活了。由于是女孩子，所以外公外婆生怕孙女吃亏出事，总是向她灌输"不要与人争斗、遇事能忍则忍、吃亏是福"的思想，以致佳萱养成了内向柔弱、隐忍老实的性格。

现在读小学三年级的佳萱成绩优异，老师还认命她担任了班里的学习委员。有一次，老师让她帮助几个成绩差的同学补习功课，佳萱很认真地答应下来。可是，那几个孩子很调皮，根本不愿安安静静地坐下来学习，还用水彩笔往佳萱的衣服上乱画，弄乱佳萱的辫子，并且警告她不准告诉老师。

面对别人的责难，佳萱敢怒不敢言，从开始的默默忍受到后来苦苦哀求，但都无济于事。

经过一番冥思苦想，佳萱想出了一个勉为其难的方法：谁认真听她讲题，她就给谁5元钱。那几个调皮的孩子听了立马蜂拥而上，佳萱的50元零花钱很快便被"瓜分"干净了。

这件事被班主任老师知道了，老师教训了那几个调皮的孩子，并让他们把钱如数交还佳萱。同时，老师也教育了佳萱："你这样做是不对的。你为什么不拒绝他们？他们提出无理的要求，你为什么不告诉老师呢？"佳萱小声地说道："我不想惹事，不想招惹他们生气，怕他们又对我恶作剧。"

对于有着如此懦弱性格的班干部老师也深感无奈，不得已将佳萱的职务给撤掉了。此后，这件事便成了班里的笑柄。同学们知道了佳萱的懦弱，就经常抓住她的这一点来戏弄她。她向同学借铅笔，同学会故意对她说："你帮我写篇作业我就借给你。"上厕所时她常被男生挡在半路，要她学小猫叫才让她通过。令人悲哀的是，佳萱对这些无理的要求竟然都一一答应了。

如今，佳萱还未能摆脱懦弱的性格，毫无改变的迹象。

这真是个可悲的女孩！可是谁该为她如今的性格负责呢？显而易见，佳萱之所以表现得如此懦弱，和她的外公外婆从小对她的教育是分不开的。与人为善、宽容别人都没有错，但我们不能任由别人欺负，该为自己争取权益的时候绝不能含糊，遇到不合理的要求就该拒绝。可是，佳萱却没有学会这些。

如果你不希望自己的孩子像案例中的佳萱那样，就请给孩子施以正确的教育方式，让他永远不要和懦弱沾边儿吧！

好父母教子妙策

1. 教孩子学会用正当理由婉言拒绝

说"不"也是一门艺术，说得好了，对方不会介意；说得不好，对方会认为故意跟他过不去。我们要让孩子知道，当遭遇不合理的要求时，只要拒绝得当一般就不会有什么问题。简单来说，拒绝的时候要用最委婉、最温和、最坦诚的语气，告诉对方自己不能答应他要求的理由，切忌摆出一副冷冰冰的神态强硬地拒绝。

要想做到这一点，父母除了言传之外，还可以进行一些相应的"身教"练习。比如，可以要求孩子做一些他做不到的事情，引导孩子表达其内心的想法。如果孩子懂得了拒绝这门艺术，那么当他再遭到同学、伙伴们的无礼要求时，就知道委婉地说"不"了。

2. 让孩子大声说话，大胆表达，不畏陌生

当发现孩子有胆小懦弱、不爱说话、不善表达的现象时，父母要有意识提醒孩子敢于大声说话，并给他提供大胆讲话的机会。例如，家里来了客人，家长就可以让孩子多与客人接触交谈。

此外，父母还可以多为孩子提供独立思考、表达自我的机会。比如，当孩子遇到事情需要解决时，父母不要急于替他解答，而应该多问问他："你觉得应该怎么办？"如果孩子回答得对，我们就给予称赞和鼓励。如果不对，也不要责怪和否定孩子，而要委婉地引导他认识到自己的错误之处。这样既可以提高孩子的口才，又可以一定程度上克服孩子的胆小懦弱的性格障碍。

3. 让孩子学会独立自理，大胆做事

父母可以有计划、有目的地给孩子安排一些他可以独立完成的任务，比如让他独自外出买酱醋、独自坐公交、担任班干部等。遇到困难，父母再给予必要的指导和帮助，这些都有利于锻炼孩子为人处世的胆量和魄力。

4. 让孩子具备一定的自我保护意识

对孩子们来说，由于其自身逻辑思维的局限、生活经验的缺少，他们对事情的行为后果缺少预见能力，不懂哪些事情是危险的、哪些事情容易对自己造成伤害。所以，将父母的这种监护和限制视作管制和牵绊，因而进行反抗，甚至还会采取一些小伎俩来逃脱父母的监护，进一步加大了本身行为的危险性。

因此，培养孩子的自我保护意识就显得尤为重要。让孩子明白哪些事情可以说"Yes"，哪些要绝对喊"No"。通过对孩子自我保护意识的灌输和培养，就可以提高孩子主动防范性侵害的能力，让女孩懂得自我保护的意义，即使在没有父母的监督下，也可以主动约束自己、保护自己。

第九章

"小苗"要长歪，父母要扶正

孩子依赖心理太强怎么办

孩子磨蹭，父母如何应对

爸妈怎么疏导孩子的嫉妒情绪

家有懦弱娃，如何变勇敢

父母希望你慷慨，你却自私又自利

如何应对孩子的骄奢之气

孩子的网瘾好比插在父母心头的刀

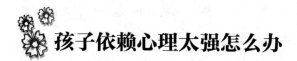 孩子依赖心理太强怎么办

　　一些父母对孩子过度溺爱，但也有一些父母尽量让孩子减少对自己的依赖。例如，我们常听到一些家长反映：孩子都上小学了，还不愿意自己穿衣服，非要等爸妈给他穿；八九岁的孩子连洗澡都要家长帮忙，自己决不肯洗。诸如此类的情况都说明孩子的依赖心理较重。为此，一些家长感到很头痛，因为他们认识到，长此以往，孩子的独立能力很难增强，有可能会影响到未来的生存和发展。

　　这些家长的担心不是没有必要。确实，一个依赖心理过重的孩子比那些独立性强的孩子似乎更让家长操心和担心。现实生活中，类似上面所说的依赖性太强的孩子却并不鲜见。不给喂，孩子就不肯吃饭；孩子想去东边大人绝对不敢往西边走；跟小朋友玩耍必须要大人在边上陪着；早上起床后不会叠被子，刷牙也要把牙膏挤好；吃完饭从来不知道洗碗；学习上遇到不会的题张口就去问家长，自己连想不想……不仅如此，如今家长稍

207

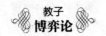

微"伺候"不周，就遭到"小皇帝""小公主"的训斥。

难道是孩子天生如此吗？答案当然是否定的。实际上，这一切都是父母一手造成的，就像有的家长，总觉得孩子做事不利索，自己不由得就伸手帮忙，久而久之，孩子就不愿意自己动手了。但事实上，孩子并不是生来就是这样依赖父母的，都是父母一手包办的结果。

梓岳是个9岁的二年级男孩，学习在班内总是中等水平。为此，望子成龙的父亲十分着急，于是什么事情都不让他干，理由就是"你只管好好学你的习就行"。9岁的梓岳从来不干家务，他的房间总是十分凌乱，自己从来没有主动收拾过。每天晚上都是由爸爸把他第二天上学要带的东西准备好，而每天早晨梓岳都要让爸爸喊才能起床上学。如果哪天爸爸急着上班，梓岳肯定就会因为睡过头而迟到。

有一次周末爸妈有急事出门，让梓岳自己泡方便面吃。结果父母一回家，梓岳就对着爸妈哭了，说自己饿。原来梓岳不知道用热水泡面，用凉水泡的面他实在是吃不下，就饿了一天肚子……

梓岳之所以连正儿八经的饭都吃不上，就是因为平时父母包办得太多，让他没有施展自己本领的机会。渐渐地，这种解决问题的本领就消退了，等到他一个人面对突发状况的时候就茫然不知所措了。

一般来说，父母包办越多，孩子的依赖性就越强，导致孩子不仅在生活上依赖，而且会发展到学习上依赖、行为上依赖，最终到思维上的依赖。这种有依赖心理的孩子大多没有责任心，怕面对困难、逃避困难，这对孩子的生活学习是非常不利的。

大家熟知的美国作家海明威作品中的"硬汉"形象影响了一代甚至几代美国人。小时候的海明威其实是个很依赖的孩子，甚至是他父亲的"跟屁虫"，他取得这样的成就得益于他父亲的及时修正。

小时候的海明威喜欢跟着父亲，父亲去哪里他跟着到哪里，什么事情都依赖着父亲。一段时间后父亲发现不妙，必须要改正海明威的这个坏习惯。因此在海明威四岁又要跟着去打猎时，遭到了父亲的拒绝。父亲拍着他的肩膀，非常严肃地说："儿子，你需要自己去找点事情做。爸爸应该让你单独去活动，而不是老跟着我，这样才会对你有好处！"

他给了小海明威一根鱼竿，并鼓励他说："大胆去玩吧！你肯定行！"于是海明威就自己一个人在山林和河溪边玩耍。后来，等他长大一些，父亲又给了他一杆猎枪。就这样，在父亲不断的指引和鼓励下，海明威开始独立玩耍，迷恋上钓鱼、打猎及探险，随着时间的推移，海明威的情感越来越丰富，并迷恋上了读书。而父亲培养出的那些爱好伴随了他一生，他独立、喜好探索的性情在父亲的引导下形成了。

可见，孩子是否依赖性强，很大程度上取决于父母本身。所以，要想让孩子成为一个独立的人，作为父母的我们首先要把他当作一个独立的个体来看待，相信孩子，也相信自己。要知道，温室里的花朵经不起风雨，躲在巢穴里的鸟儿没有展翅高飞的勇气。因此面对心爱的孩子时，聪明的父母应该在该放手时就放手，让孩子养成自己的事情自己做、自觉做好每一件事情的好习惯。

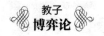
1. 鼓励孩子不断尝试新事物

从儿童发育角度来看，在孩子1～3岁的时候，会进入心理学家艾里克森所提出的自主——羞怯或怀疑阶段，进入这个阶段的孩子会开始主动去探索周围的环境，尝试新的事物。所以，这个时候，父母不妨让他自己做一些力所能及的事情。

比如有个两岁的男孩，在每次妈妈喂饭的时候喜欢夺妈妈手里的勺，喊着要自己吃饭。这个时候，妈妈总是怕他把饭菜撒一地，或是磨磨蹭蹭吃得很慢，但爸爸坚持让儿子自己吃饭。小家伙刚开始的确把饭菜撒一地，爸爸就跟儿子说："儿子好棒啊，可以自己吃饭了。可是怎么办呢，怎样做才能不让米饭跑到碗外面去呢？"然后，爸爸会教儿子怎么拿勺子，怎样往嘴巴里放，才不会掉得到处都是。孩子掉到外面的饭菜越来越少，一个月后，就能自己好好地吃饭了。

如果父母一直不给孩子自己动手吃饭的机会，固然不会掉一些饭菜，可以节省一些时间，但是，父母一手包办的方式却是造成孩子依赖行为的根源。

处于这个年龄阶段的孩子，在尝试新事物的时候如果一再地遭到父母的干涉，往往容易在他们心中产生一种强烈的挫败感，甚至会放弃对新事物的探索，从而导致孩子掌握新技能的时间被父母的一手包办人为地推迟，对孩子的独立性发展十分不利。

2. 强化孩子的适应能力

孩子到4～6岁的时候会迈入了一个新的阶段，就是自动自发—— 或者叫作退缩内疚阶段。这个时期的孩子将面临更多的挑战，责任感及动手能力开始增强，而此阶段父母的家庭教育对于塑造孩子的独立性人格将有极其深远的影响，如果此时父母对其新的目标给予支持，儿童自发的责任感便能得到发展。

5岁的飞飞在幼儿园里是最受老师欢迎的孩子，他从不用老师操心，什么事情都能自己处理好。这都归功于飞飞妈妈教育孩子很有一套方法，她平时会让儿子做一些力所能及的事情，比如早晨起床的时候鼓励儿子自己穿衣服、叠被子，周末会跟儿子一起唱着歌打扫卫生等。甚至有一次，飞飞说要学习煎鸡蛋，妈妈在一旁帮助他，他还煎出了一个不算难吃的鸡蛋呢。

飞飞妈妈对儿子的这些锻炼会让儿子有一种自豪感，认为自己长大了，可以独立做事情或者帮助爸妈做事情了。这对于帮助飞飞摆脱对大人的依赖、锻炼自己独立做事的能力是很好的培养。

反之，如果在这个阶段孩子父母不让孩子做事情，还让他过"衣来伸手饭来张口"的生活，势必会让孩子养成依赖的心理，让孩子丧失对家务的参与及责任感，甚至会让他们养成享受父母的劳动是理所当然的心理。

3. 利用他人积极影响

升入小学阶段后，这个时期的孩子会将主要精力投入到学习中去，如果能够通过努力得到了学业上的成功，他们就会获得成就感；否则，就会产生自卑感。

由于处于这个时期的孩子全部的生活重心都放在了学习上，父母也将对孩子的寄托放在了他的学习成绩上。因此，很多父母开始对孩子的日常生活大包大揽，凡事都为孩子做好。而父母的这个态度又形成了孩子对父母的过度依赖。

这个时期的学习固然是重要的，但让孩子做一些力所能及的家务并不会跟学习发生冲突。因此，父母应该转变观念，适当地让孩子做一些家务，另外也应向学校老师求助，在学校教育中适当地增加一些培养其独立性的内容，以锻炼孩子的独立能力。

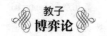 孩子磨蹭，父母如何应对

有不少家长认为，"勤快"的最大敌人是"懒惰"。但实际上，"勤快"的最大敌人不是懒惰，而是磨蹭。相信很多父母都听孩子说过这样的话："再等十分钟，十分钟后我保证去做作业。""再让我玩一会儿，待会儿我肯定就去洗澡啦。"

如果说一件事两件事的拖拉是量变，那么由量变到质变，最后就是懒惰了。所以，要让孩子勤奋起来，父母们首先要让孩子养成"接到任务，马上行动"的思维，一刻也不要拖拉。

有个妈妈抱怨她7岁的儿子："平时是急性格，但是每天起床穿衣服、刷牙、吃饭、洗澡、写作业都是磨磨蹭蹭。吃饭有时要一个小时，叫他刷牙和洗澡更是左叫右叫，每次都要大吼甚至踢他两脚才不情愿地进去。为了让他改掉磨磨蹭蹭的习惯，谈心、威逼利诱、打屁股都用过，就是改不了。"

这样的孩子并不少见，还有个妈妈也向专家求救：

"我的女儿做事情总是磨磨蹭蹭，注意力不集中，很容易被无关的事物所吸引，窗前有只小鸟飞过，她就会放下笔爬到窗台上去看个究竟；正在画图画时，忽然听到电视里的声音，就会丢下画了一半的画，跑去看一眼电视，留下半拉子图画磨蹭着就是不肯画完；她喜欢郎朗，吵着去学钢琴；过几天她又想当流行歌手，要学吉他，我批评多次，就是没有改进……"

其实这样的孩子不在少数，他们往往做事情没有耐性，虎头蛇尾、三天打鱼，两天晒网，让很多父母很苦恼：这是我的孩子吗？一点也没有我的样子！难道是天生脑子慢半拍？是遗传吗？好像家里人没有一个人做事拖拖拉拉，这孩子怎么会这样呢？

其实，父母们也不必太过苦恼，磨蹭只是一个习惯，并不是一个人的个性特征，也不是性格缺陷，更不是脑子的问题，如果父母能够积极帮助孩子改掉这个毛病，孩子还是能恢复到做事雷厉风行的样子。

一般情况下，造成孩子做事磨蹭、不利索的因素通常有两个：一是孩子由于不常练习、动作不熟练造成的，再加上孩子尚小，他的神经、肌肉活动不够协调，同时缺乏一定的生活技能，所以导致他做事情比较缓慢；二是孩子没有时间观念，做事缺乏紧迫感，也会造成孩子做事爱磨磨蹭蹭、边玩边干；三是与家长影响有关，如果家长平时做事磨蹭拖沓，喜欢边吃饭边看电视或报纸，也会潜移默化地影响孩子的行为，导致孩子养成做事注意力不集中、拖拖拉拉的不良习惯。

在知道了孩子做事磨蹭的原因后，就可以有的放矢地帮助孩子改掉这些坏习惯了。

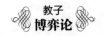

好父母教子妙策

1. 爸妈做好榜样，对孩子严格要求

要想孩子做事干脆利索，父母要做榜样示范，如果父母自身做事不遵守时间规则，自然会影响孩子的行为。所以，父母要以身作则，自身做事一定不要有拖拉的毛病，这样才能给孩子一个良好的示范环境，让他养成好习惯。

父母在做好榜样的同时也不可过于溺爱孩子，要让孩子做一些力所能及的事情，不要让他养成依赖心理，认为什么事情父母都会给我做好，不用自己动手。在这样的情况下，孩子很少自己做事，需要他自己来做的时候他往往就不会做，因而做事慢。

对孩子要严格要求，让孩子独立完成事情就不要帮他做，比如妈妈要求孩子去收拾一下自己的房间，但孩子在那里一直磨蹭磨蹭，就想等着妈妈来帮着做，妈妈看不下去最后还是帮他收拾了。这样是不会有任何教育效果的，家长要坚持原则，孩子自己能做的事情一定要让他自己做。

另外，在这个培养过程中，孩子刚开始做事的时候可能比较慢，家长要在一旁耐心教导，千万不可一味地去批评或训斥孩子，简单粗暴的教育方式并不能起多少作用，他可能只是当时被你吓住了，因而做事的速度稍微快了一点，可是一旦这件事情过去他依旧会磨磨蹭蹭。另外，总是对孩子采取这种粗暴的方式还会引发他的逆反心理，感觉你不尊重他，反而会对催促采取不理不睬的态度，或者干脆故意拖延时间来表示对家长的反抗。

2. 满足孩子喜欢玩耍的天性

爱玩是孩子的天性。根据儿童心理学家的研究表明：人们集中注意力、抑制冲动的能力跟大脑前额叶的发育有关，大脑要到20多岁才会完全发育成熟。所以几岁到十几岁的孩子的大脑没有完全发育成熟，注意力自然比较短。

一上午都让孩子老老实实地坐在那里看书写字是不现实的，因此在孩子学习或弹琴的时候，不妨每过二三十分钟就让他起来玩一会，做点别的事情调剂下，这样他才有继续学习下午的动力。否则，孩子只能是一边学习一边开小差，或者采用一些小动作来对抗或"消极怠工"，以此来发泄自己的不满情绪。

3. 培养孩子的时间观念

如果孩子没有时间观念，自然就不会在乎时间的快慢而由着自己的性格做事。所以，家长应该早早就帮助孩子树立起好的时间观念。以下几种方法值得借鉴：

（1）教育孩子"今日事今日毕"。这需要家长来言传身教，像"我现在没时间，明天再说"的话父母不可以说。家长应遵守时间表，干任何事都要准时。这样，孩子就会接受家长"今日事今日毕"的时间观念。

（2）浪费时间要惩罚。有些孩子觉得时间有的是，浪费一点也没关系，所以并不会把时间放在心上，这时父母不妨对他：如误了吃早饭、误了看电影、误了上学等行为进行惩罚，对他说："你浪费了时间，晚上我不能给你讲故事了。"这样，可让孩子接受教训，认识到不抓紧时间就会受到损失。

（3）教育孩子体谅别人。体谅和尊重别人的人一定是个恪守时间观念的人，应该让孩子多体谅别人，比如约好了时间又迟到的话，等于浪费了别人的时间，给对方造成了不便，就要向人家道歉。让孩子学会体谅别人，渐渐就能替别人着想，增强时间观念。

（4）帮助孩子确立时间安排表。可以与孩子一起讨论，制定一个日常生活的时间表，上面是起床时间、早饭时间、上下学时间、午睡时间、做作业时间、上床睡觉时间等。监督和鼓励孩子按照时间表来生活，并坚决执行下去。如果孩子完成得好，一定要加以鼓励和奖励，引发他遵守时间的动力。

（5）多用计时法。可用计时的方法来鼓励孩子树立时间观念，比如，如果规定孩子在5分钟以内自己穿上衣服，父母就可以在一边看着表数时间，并且在一旁给孩子加油，如果孩子能够做到，父母要适当奖励。这种方法可与许多活动结合起来，逐渐养成孩子守时的观念。

相信只要父母有足够的耐心和正确的方法，持之以恒，相信曾经的"慢郎中"也能有朝一日变成"闪电侠"！

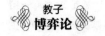

爸妈怎么疏导孩子的嫉妒情绪

嫉妒这种情绪并不只在成年人身上存在，它也会在孩子身上存在，甚至在很小很小的孩子身上都会存在。可以说，嫉妒是一种人类与生俱来的情绪。只是这种情绪给人的感受并不好，它让我们觉得自己某些方面比别人差，很羡慕别人，甚至因此而憎恨别人。显然，嫉妒是一种负面情绪，更是一种影响人际间展开良好交往的情绪。

为了我们的孩子能够拥有良好的人际关系，父母们很有必要帮助孩子远离嫉妒。只有这样，孩子才不至于因为嫉妒他人而让自己陷入孤立无援的境地，而能拥有更多高质量的友谊。

萍萍是个聪明伶俐的小女孩，但有一点不太好，就是她的嫉妒心太强了。比如，哪个小朋友穿了件漂亮的衣服，而她自己没有这样的衣服，她就嫉妒人家，背后说人家的衣服难看死了；哪个小朋友作业写得工整又准确，她就说老师偏心，他写得一点都不好，根本没有自己写得好……

对于女儿的嫉妒心理，萍萍的妈妈早已有所察觉。但是她认为随着年龄长大，女儿的这种情绪就会逐渐消失掉的，所以也并未在意。

有一天，妈妈接萍萍放学，只见萍萍一脸不高兴地走出校门，见到妈妈后还哭了起来。妈妈忙问怎么了？萍萍回答说，班上的楠楠今天得到老师表扬了，因为楠楠读课文读得特别好，而萍萍的声音比楠楠洪亮，节奏也掌握得好，只是不小心读错了一个地方，老师就没有表扬自己。

妈妈听了，急忙安慰道："就是，我们萍萍读得最好了，老师凭什么只表扬楠楠，妈妈相信你，宝贝，你读得肯定是最好的！"

在妈妈的劝慰下，萍萍的情绪有所好转起来，嘴里还不停地念叨："我再也不和楠楠玩了，再也不和她做好朋友了！"

看完这个故事，我们不禁感叹：萍萍嫉妒心如此之强，和她妈妈的教育不无关系！面对女儿表现出来的强烈嫉妒心理，妈妈没有让女儿正确地认识自己的不足，也没有客观地看待他人的长处，无形中助长了女儿的嫉妒心理。难以想象，如此下来，萍萍的嫉妒心理何时能够得到缓解呢？

其实生活中像萍萍妈妈这样的家长虽不是大有人在，但也并不鲜见。这些家长为了及时安抚孩子的情绪，会不顾对错地认同孩子的感受。还有

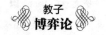
的家长将嫉妒看作是孩子"太好强"，不但不加以阻止，反而鼓励孩子的这种意识和行为。殊不知，孩子的年纪小，认知能力有限，不懂得控制这种负面的情感。长此以往，他的嫉妒心理必然会给他们自身造成莫大的痛苦，还会给周围的人带来伤害，使身边的人远离他，使他变得孤立。

既然嫉妒这种情绪的危害如此之大，父母就要尽量帮助孩子控制、摆脱这种情绪。只有远离嫉妒，孩子才能用正常的、健康的心理面对周围的世界，内心才会充满快乐和阳光。

妈妈带着5岁的女儿荡秋千，爸爸看到儿子站在一边噘着嘴巴，一副要哭的样子，就把儿子抱起来，说，"看，妈妈一直陪着姐姐玩，把我们都冷落在一边了，这真不公平，对不对？"儿子像找到知音一般，眼泪果然就掉下来了。爸爸帮他擦干眼泪，对儿子说："我知道你觉得嫉妒，是不是？不过这没什么。来，跟爸爸一起玩，怎么样？"

儿子破涕而笑，开心地跟爸爸一起玩去了。

这位爸爸理解和安抚儿子的情绪，并且告诉儿子他的情绪叫作"嫉妒"。其实，儿子更需要的往往不是欲望的满足，而是家长的耐心倾听，以及对他们内心感受的肯定。

在肯定孩子情绪的同时，父母们要记住一点，就是不要过多地强调孩子的立场，更不要指责受到嫉妒的对象。比如，这位爸爸如果说"妈妈怎么这么偏心眼呢，只跟姐姐玩，不跟我们玩"此类的话，可能正合儿子心理，但却会进一步刺激孩子的嫉妒情绪，甚至还会导致孩子养成动辄归咎于他人的坏习惯。

好父母教子妙策

1. 教导孩子积极向上

通常来说，一个嫉妒心很强的孩子往往有着很强的自尊心和虚荣心。父母可以利用孩子的这种心理激励他的竞争意识，使之更加积极努力。

比如，我们可以这样和孩子说："你希望成功，别的孩子也一样，大家都会为了目标而努力。而结果呢，可能是这次你胜利了，下次他胜利了。只要有强烈的进取心，不管结局如何，你都是有志向的好孩子。"这样一来，孩子就会既能够渴望自己获胜，又能够在心理上容纳别人成功。

2. 帮助孩子克服不足

客观地说，孩子之所以产生嫉妒心理，往往是由于其自身在某些方面存在不足而导致的。对此，我们可以帮助孩子找到他身上的不足，并努力克服。比如，有的孩子看到别的小朋友唱歌唱得好，就会嫉妒人家有一副好嗓子，我们就可以适当地让孩子练习发声或者学习音乐方面的知识，同时告诉孩子，别人唱得好可能是先天嗓音好，你的嗓音虽然没那么好，但是只要尽力了也是很棒的宝贝。这样一来会在一定程度上帮助孩子舒缓嫉妒的情绪。

3. 让孩子知道大人也会妒忌

当时机合适的时候，父母也要让孩子知道，不光是他们会嫉妒，爸爸妈妈也不例外。比如，妈妈可以告诉孩子，当他和爸爸在一起亲亲热热的时候，妈妈也会嫉妒，但是妈妈不会因此而乱发脾气或者感到难过。另外，父母还可以列举自己小时候的故事，让孩子知道自己也有过同样的心情。

比如，当弟弟抱怨自己不能和姐姐一样参加滑轮班的时候，父母可以告诉儿子自己小时候也有过同样的经历。父母可以说："宝宝，你知道吗，我上小学的时候，姥姥姥爷从来不准我在街上玩，但邻居家的哥哥姐姐却可以在外面一直跳皮筋到天黑！你说多不公平！"这样的故事会让孩子明白，原来父母也会嫉妒。这时候父母便可告诉孩子，任何一个人都不可能得到和别人完全相同的待遇，因此只能学会接受。

4. 引导孩子正确竞争

当孩子的嫉妒心理产生后，父母不妨把它引导到让孩子树立正确的竞争意识上来。为此，父母可以告诉孩子，别人领先获胜后，自己生气是没有用的，而真正能让自己出人头地的是激发自己的斗志，敢于和对手展开竞赛。

同时，父母还要告诉孩子，那些成功的孩子身上肯定有许多优点是值得尊敬、值得去学习的，只有努力学习别人的长处，才能不断进步，取得成功。

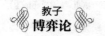

家有懦弱娃，如何变勇敢

每一个父母都会在观察自己孩子的同时也在观察别的孩子。结果我们发现：有的孩子很喜欢主动表现，在公共场合也不陌生，有的孩子则表现得比较害羞，在外人面前不敢大声说话；有的孩子敢上树爬墙玩耍，有的孩子则认为那太危险而不去做；有的孩子可以自己独立面对一些困难，有的孩子则凡事都需要大人帮助解决。

当你的孩子正是后者时，相信你一定会感到一丝恐惧——如此胆怯的孩子，以后做得了什么？的确，没有勇气的孩子是很难在这个社会上立足的。也许在小时候我们看不出什么不良后果，但是随着孩子逐渐长大进而投入社会后，问题就会越来越凸显，甚至影响他的整个人生。

这绝不是什么危言耸听，缺乏勇气的人往往缺乏主动性和自信心，所以可能因此错过原本属于自己的成功和幸福。所以，从小培养孩子的优良性格，为他注入性格优势中重要的一点——勇气，这才是一个称职父母应有的行为。

有一次，爱丽佛和小伙伴杰西卡一起玩耍。杰西卡由于太高兴，便把帽子扔向空中，可没成想正好落到一个树杈上。又瘦又小的杰西卡知道自己不可能完成取下帽子的"重任"，只好向旁边的爱丽佛求助。

可是，爱丽佛却拒绝了杰西卡，他说那棵树太危险了，会摔下来的。

这时候，爱丽佛的爸爸弗朗哥正好经过他们旁边，看到爱丽佛的举动，他走过来对儿子说："这棵树并不高，上去的话不会有什么危险，只要牢牢地抓住树枝就不会摔下来的。"

听了父亲的话，爱丽佛并没有因此而鼓起勇气。这时，弗朗哥亲自示范了一下，他爬到一半，然后对爱丽佛说："你看，爸爸都这么大岁数了，还能爬树呢，你年纪这么小，更没问题了。"

见父亲这么说，爱丽佛答应试一试。爬树的过程，爱丽佛还是有一些担忧和恐惧，不过在父亲的鼓励下，他还是勇敢地爬上了树，并取下了帽子。从树上下来后，爱丽佛对父亲说："原来爬树也并不可怕嘛！"从这以后，他再也没有对爬树感到胆怯了。

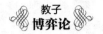

人在一生中要不停地向前努力拼搏，不断迎接新的挑战和坎坷，而勇敢是一种必备的力量和态度。不可否认，孩子由于缺乏生存经验和成熟的世界观，所以经常会流露出怯懦、胆小、对陌生事物害怕的情绪。但父母不要以为孩子天生就是胆小的，我们完全可以在教育过程中培养他的勇气。

当然，在开始教育之前，父母要先认清曾经的教育误区。其实，孩子的勇气不足很大程度上是父母造成的。有些家长把孩子当成"瓷娃娃"，怕磕着碰着、怕有任何不适应，总是把孩子带在身边，形影不离。这样一来，就会使孩子形成一种强烈的依赖心理和被保护意识。如果孩子逐渐长大后，父母还持续给予这样的保护，就很容易导致孩子离开大人就害怕。

还有的父母太过限制孩子的自由，使他们缺少群体玩耍和活动的机会。有些孩子除了父母、长辈，极少与同龄小朋友一起玩耍，极少有走亲访友的机会。这样，孩子的交往能力会萎缩，怕见生人，怕在众人面前讲话。

针对这些原因，家长在教育孩子的过程中要"有则改之，无则加勉"，然后再采取合理的手段扭转孩子的懦弱。

好父母教子妙策

1. 了解真实的情况，明白孩子到底怕什么

由于表达能力不够强或者心智尚未成熟等原因，孩子往往表现得"言行不一"，比如当看到父母外出时，有些孩子会大哭大闹，不让父母出去，其实实际上是他害怕家里进来"大灰狼"而没有爸爸妈妈的保护。因此，父母有必要细心观察孩子的日常言行，对他们真正害怕的事物有充分的了解，然后对症下药，才能给孩子提供最有用的帮助。

2. 让孩子当"小司令"

孩子没有勇气的最大表现就是不敢也不愿在众人面前表现自己，这就是家长常说的"不出挑"，不管做什么事，他都躲在别人的后面。由于孩子一再害羞，他会失去在人前表现的机会，表现的机会少了，孩子更害羞了。这是一个很打击孩子自信心的恶性循环，所以，当父母知道孩子有了表现自己的机会时，一定要鼓励他"冲上去"！

当然，语言上的鼓励也许不能完全发挥效果，这个时候可以利用其他方式激励他。父母不妨找几个年龄比孩子小的小孩，让他们和孩子一起玩。孩子虽然害羞，但因为比其他孩子年龄大，游戏中他就会处于主动的位置。不管是玩什么游戏、出什么主意，他都会自然地成为孩子中的"小司令"。

如果孩子能够领导一个团队，久而久之，他的害羞心理自然会烟消云散。

3. 按照孩子自身的方式助其消除恐惧感

孩子往往会对一些事物产生恐惧，比如漆黑的屋子、模样怪异的毛绒玩具、童话故事里妖魔鬼怪的形象等。在看到或听到这些后，有些孩子会对其产生惧怕心理。这时候需要家长告诉孩子，漆黑的屋子只要打开灯就明亮了，模样怪异的毛绒玩具和妖魔鬼怪是害怕勇敢的宝宝的，它们不敢来到勇敢孩子的身边。这样孩子便很容易接受父母的话，并消除惧怕心理。

4. 树立榜样，做勇敢的父母

我们常说，孩子是父母的镜子。一个胆小如鼠的父亲绝不会培养出勇气可嘉的儿子，一个怕这怕那的母亲也断难培养出敢作敢为的女儿。

所以，要想让孩子成为勇敢的人，父母就要重视榜样的力量，为孩子树立一个无所畏惧的良好形象。在面对各种挫折和挑战时，父母万万不可表现得缩首缩脚，而是应该挺直胸膛说："没关系，这个问题一定会迎刃而解！"在这种环境下成长的孩子，又怎么可能形成懦弱的性格？

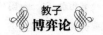

父母希望你慷慨，你却自私又自利

很多父母在说起自己家的孩子时，都会用上"自私"这个词。如今很多独生子女的确自私：他的东西，坚决不允许别人碰；他喜欢吃的东西，连爸爸妈妈也不能尝一口。

父母不明白，为什么孩子会变成如此，并且怎么说他也听不进去，难道只有打骂才有效吗？其实，孩子之所以自私，很大程度上是由于父母的教育不当造成的。

江果是个聪明可爱的男孩，但却有个自私自利的坏毛病。在家里，他是绝对的权威，只要是他的东西，即使是爸爸妈妈也不能碰一下，给他买来的零食，爸爸说"来，让我先尝一口"，他肯定会一口回绝坚决不答应；家里来个小朋友对他来说就是如临大敌，绝对不让小朋友玩他的玩具；去别人家里时只要有自己喜欢的东西，他都要求把东西带回自己家；每次吃饭的时候他总是把最喜欢吃的菜拉到自己跟前，如果自己没吃够，别人是不能动筷子的。

　　有一次，家里招待客人，当客人把筷子伸向江果最爱吃的椒盐排骨的时候，江果大声喝止："你不准动，这是我的！"弄得客人一时非常尴尬。

　　江果的爸妈十分苦恼，几番劝说，都没有什么效果。

　　日常生活中，像江果这种表现的孩子还有很多，如果任由孩子的这种思维方式发展下去，孩子有可能变成一个自私自利的人，这种人在社会上是不受欢迎的，即使将来孩子的智商再高、能力再大，也是难以施展的。

　　造成孩子们自私的倾向或心理的原因是多方面的。

　　一是在个人成长过程中自然形成的。心理学家认为，每个人的成长都会经历一个表现为封闭性、自私性等的"自我中心阶段"，这时的自私行为是一种近似本能的欲望，孩子的许多行为都是为了满足这些欲望。

　　二是在客观社会环境的影响和作用下逐步养成的。现代家庭的孩子大都是独生子，一家人宠爱有加，所以对这个宝贝是吃给吃好的、穿给穿好的、玩给买玩高档的玩具，家中一切必须以他的情绪变化和要求为中心，如果达不到要求孩子便动辄耍脾气，家长一见家中的"小皇帝"发脾气了，不管要求合理不合理便一切顺从孩子，这相当于滋长了孩子自私观念的温床。

　　三是还有些孩子从小缺失关爱，或者因为受到成年人自私行为的影响，也会导致孩子出现自私倾向。

　　不管是哪种原因造成的，孩子一旦养成了自私的习惯后果都不堪设想，因为自私是贪婪、吝啬、嫉妒、报复等畸形心理的源泉，一个从小就自私自利的孩子长大成人后很难不去危害他人和社会。

　　因此，父母应该在发觉孩子有自私倾向的时候，就积极采取切实可行

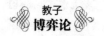

的方法予以引导和教育，以免孩子养成自私自利的性格。

卓卓聪明伶俐，爱说爱笑，但是却没有什么好朋友。这是为什么呢？

原来，在同学们眼里，卓卓特别吝啬、自私，谁也不许动她的东西，哪怕向她借转笔刀用一下，她都不答应。如果哪个同学说她吝啬她还会向老师告状，或者直接跟同学吵闹不休。

后来，卓卓的爸爸妈妈发现了女儿身上存在的问题，就一心想帮助孩子早日改正这种自私、小气的毛病。

这一天，卓卓放学回到家后神情显得落寞沮丧。妈妈惊诧地问道："怎么了宝贝，今天一副不开心的样子呀？"

接着，卓卓把在学校里发生的事情告诉了妈妈："今天数学课进行测验，我做着题的时候忽然铅笔断了，我没有带转笔刀，就向同桌雯雯借，可是她说她没带。我明明看到她在上课前刚刚用过，居然欺骗我，真小气！"

妈妈听了，问道："以前，雯雯有没有向你借过什么东西呀？"

卓卓回答说："当然借过了，她上次橡皮搞丢了，向我借，但那天她惹我不开心了，所以我没借给她用。"

妈妈温和地说："宝贝，你不借给别人，别人怎么乐意借给你呢？要想让别人帮助自己，自己得首先帮助别人才行啊！妈妈希望你和同学们之间互相帮助，不要自私。妈妈相信，那样会有更多的同学愿意帮助你的！"

听了妈妈的话后，卓卓惭愧地低下了头。从此以后，她总是很积极地去帮助身边的同学，不再是那个吝啬、自私的小姑娘了。

现在的独生子女越来越多，在家备受宠爱，在外自然不太容易与人分享。但是，父母们要明确一点，孩子作为社会的一分子，是不可能脱离社会过"光杆司令"的生活的。一个不懂分享的孩子，他长大后不但容易损害他人和社会的利益，对其个人的生活和事业的发展也都是有百害而无一利。

因此，作为父母，我们要从小培养孩子懂得与人分享的品格，让他渐渐地感受到与人分享是一件美好的事情。

好父母教子妙策

1. 给孩子正常的爱，而不是溺爱

任何在孩子身上体现出来的行为和习惯都和家庭环境及教育有着密不可分的联系。那些表现得极其自我、喜欢占先、不愿与他人分享的孩子，多是和父母的溺爱密切相关的。

这些父母在教育孩子的方式上出现了偏颇，把毫无条件地为孩子付出当作自己的"使命"。他们将好吃的、好玩的全让给孩子，自己则像个"只求付出，不求回报"的"神"，有时候即使孩子想和父母分享，父母也急忙推辞说："我不喜欢吃，你吃吧。"

这些父母不知道，自己对孩子的这种无比"伟大"的爱，实际上强化了孩子的独享意识，孩子们会把得到自己想要的东西当作理所当然的事，而不去顾及他人的感受。这样的孩子又怎么懂得与人分享呢？又怎么知道与人分享是一件快乐的事呢？

2. 让孩子知道，分享不是失去而是互利

孩子自我意识的发育是其逐渐长大的表现，由于自我意识在逐步建立，孩子会本能地产生不愿意分享的意识。不可否认，这是正常发育的需

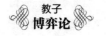

要，但事实上，很多时候孩子是因为害怕失去才这么做的。

因此，对孩子的这种难以割舍的"痛苦"感受我们要给予理解。同时也要让孩子明白，分享体现了他对别人的关心与帮助，他与别人分享了，别人也会回报他同样的关心与帮助。这样一来，彼此之间才会关心、爱护、体贴，大家就都会感受到温暖和快乐了。

3. 父母要做好孩子的榜样

在家庭里，父母要给孩子做好榜样，父母是孩子的第一任老师，父母在一些日常事务上去斤斤计较、自私自利，孩子则必然会受到潜移默化的影响，形成自私自利的性格。所以，父母要注意用自己良好的行为去影响孩子。如平时注意与邻里、同事和睦相处，热心帮助别人，同情弱者，在家庭中关心、孝敬长辈。

同时，当为孩子购买了他所喜爱的物品之后，不能让他自己独自占有，要求他与别人共享，这样做可养成孩子大方、坦荡的性格。父母应该告诉孩子：一份快乐，两个人分享，就成了两份快乐；一份痛苦，两个人承担，就成了半份痛苦。当孩子学会分享并在体验到分享的快乐后，就不会那么自私了。

4. 鼓励孩子帮助别人

做好事是完全替别人考虑、为别人服务，正好与自私相对立。如果别人有事相求，自己的孩子有能力帮得上忙，那就应该鼓励他去帮助别人。如果家中的经济条件允许，父母还可以教导孩子去参与一些力所能及的捐款活动，来帮助那些生活困难的人，有意识地培养儿子乐善好施的高贵品德。通过这一系列锻炼和引导鼓励，孩子会逐渐克服自私自利的习惯。

美国儿童心理学专家劳伦斯·沙皮罗认为："当无私和善良成为一种习惯时，你将发现孩子们会不满足这些，而去做更有利他人的事情。"

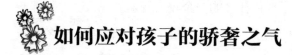
如何应对孩子的骄奢之气

随着人们生活条件的改善，消费水平也日趋增长，孩子们作为消费的主力军，他们的消费勇气也不断上扬，无限制地攀比、浪费、大手大脚花钱的现象层出不穷。

这一现象的出现除了社会发展的影响，更离不开父母的培养和教育。在这个飞速发展的高科技、高竞争时代，众多父母更多地在孩子的智力发展方面下足了功夫，却忽略了对子女勤俭节约的美德的培养，所以孩子们身上出现了很多让人难以置信的消费问题。

读初中的晓波是个聪明帅气的男孩，人见人爱。但是，晓波也是个十分"奢侈"的孩子，买衣服鞋子不是"阿迪"就是"耐克"，全身上下必须得是名牌。

有几次，晓波回家后，看到父母给他买回来的衣服是没牌子的。虽然衣服也很好看，但他坚决不穿，而且还为此大哭大闹。

家里有个这样的儿子，让晓波的父母头痛不已，他们想不明白，为什么儿子还这么小就如此热衷于名牌。就这个问题妈妈问了晓波，而晓波的理由就是："我的同学都穿名牌呢，就我穿没牌子的衣服，怎么好意思跟人家在一起玩？我不穿，人家会笑话我的，那样我干脆别去上学好了。"

看完这个故事，或许你会错愕，现在的孩子到底怎么了？这么崇尚

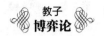
物质，真是难以想象。然而实际上，晓波并不是一个特例，如今随着人们生活水平的提高，这已经成了现代社会的一个较为普遍的现象。尤其那些在条件好一些的家庭里出生的孩子，从小就习惯了玩高档玩具、穿名牌衣服，等稍微大一些后就会和同学相互攀比，谁的衣服牌子更有名，谁的手机是iphone，谁爸爸的车更高档……

很显然，孩子这种沉溺享乐的比较是典型的攀比心理，这对他们的成长有着十分消极的影响。面对这一现象，如果父母掌握不好其攀比的程度，听之任之，久而久之就会让孩子陷入物质追求的泥潭，无法自拔。今天他可能要求买高档玩具，明天则有可能是更"奢侈"的东西。长此以往下去，当孩子日益增长的要求无法得到满足的时候，他很可能就会为了满足虚荣心而走上犯罪道路，为自己的人生埋下隐患。

父母担负着让孩子养成勤俭节约习惯、远离虚荣攀比心态的艰巨任务，而这也是每一个父母义不容辞的责任。

伊菲今年10岁，上小学4年级，但是爱美的势头已经甚为强盛了。她和前面案例中说的男生晓波很类似，也是要穿名牌衣服，喜欢跟身边的同学比较。

每当听到和看到女儿和别人攀比或者非名牌不穿的时候，爸爸就耐心地跟她讲自己小时候的故事。爸爸告诉伊菲，自己小时候经常吃不饱，穿的都是有补丁的衣服。

听着爸爸的话伊菲就像听故事一样，翻翻白眼，不高兴地说："爸爸骗人，都什么年代了还吃不饱，补丁的衣服我见好多时髦的叔叔穿呢，长大后我也要买一件。"

听孩子这么说，爸爸是一点办法也没有了。

但伊菲爸爸还是想出了另一个办法，放暑假的时候，他决定带着女儿回农村老家，让她体验下乡下的生活。

果然，通过在农村生活的一个多月，伊菲学会了除草、放牛、插秧等活计。她还见到一个大哥哥，因为考上大学没学费，全村人帮他凑钱交的学费…………

总之，从农村回来后，伊菲再也没有吵着要新衣服，也不再跟别人攀比了，回来后还请求爸爸用她的零用钱帮助村上的一个小女孩上学。

对孩子来讲，环境的影响力是巨大的，它给孩子耳濡目染、潜移默化的力量。因此，父母不妨给孩子上一堂贫穷的课，带他去体验一下困苦的生活，磨炼下孩子的意志，锻炼他的性格。这样，孩子就会懂得勤俭节约，对现在的生活知道珍惜了。

好父母教子妙策

1. 别对孩子有求必应

现在，很多家庭因为大多只有一个孩子，父母家人都把他当成全家的希望。于是容易对孩子百依百顺，对他的要求是有求必应，不管是吃的穿的、玩的用的，只要他想要的、想做的，父母都会满足他，哪怕自己省吃俭用、清苦度日也要全力满足孩子。

这种对孩子有求必应的做法看似是对孩子的爱，可是最终只能让孩子变得懒惰、不负责任，这种结局想必是每个父母都不愿意看到的。

2. 帮助孩子制定消费计划

美国的父母在孩子的学业方面不会像我们国家的父母这么重视，但他

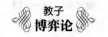

们对孩子的理财能力的培养却毫不含糊。比如在孩子八九岁的时候就要求他们制定一周的开销计划，12岁时则要能制定约半月的开销计划。他们要求孩子通过做家务劳动等来挣得零花钱，因为孩子挣得的零花钱有限，就需要他能理性消费，根据自己的收入来计划支出。

有一个10岁的中国男孩和父母去了美国之后，父母听从一个美国朋友的建议，开始按照美国的家庭教育方式开始教儿子理财。比如让儿子通过做家务来换取零用钱，还给儿子在银行建了一个账户。有了自己的零花钱和账户的男孩感到很开心，他更加努力地做家务以不断增加收入。为了保证银行卡里的存款余额逐月递增，他开始精打细算，量入为出。在父母的教育影响下，这个孩子很少有浪费奢侈的现象，而是非常理性、非常有计划地支配他的每一分收入。

3. 让孩子当一回家

为培养孩子懂得勤俭节约的品质，父母一方面除了适当给他讲解一些父母如何挣钱的过程，另一方面不妨让他当一回家，让他体会一下挣钱持家的不易。比如，根据自己家的日常平均消费水平，给孩子一定数额的钱，让他负责一周或者一个月之内的家庭开销。这样，孩子就会学着精打细算，体会出花钱的"容易"和挣钱的不易了。

4. 父母从自己做起，给孩子树立榜样

在我们身边，也有很多父母愿意为孩子花大钱，无论衣物还是生活用品，全部要用好的、最新的。

有些父母甚至还会郑重其事地告诉孩子："这些东西是最好的、最贵的，别的小朋友连见都没有见过的，看看爸妈多爱你。""这些是名贵的高档货，我们爱你才舍得买给你的。"

其实，用物质来表达对孩子的爱很容易造成孩子价值观的偏歪，让孩

子学会贪图享受物质生活。父母是孩子的第一任老师，一言一行都会影响孩子，因此，父母必须以身作则，给孩子做好勤俭节约的榜样。

孩子的网瘾好比插在父母心头的刀

现今社会离不开网络，网络已经成为人们工作、娱乐、联络等最便捷的工具，网络也是青少年获取信息、丰富知识、提高素质的重要途径。然而，很多孩子在接触到网络后却将其用在了其他的用途上，我们常常听到很多父母的感慨：

"我家儿子才十岁，他竟然告诉我说已经从网上交了两个女朋友了。"

"我女儿才上初一，迷网络游戏迷得学习成绩也下降了，每天放学都要上网，不让她上网她就跟我们急，生气了会连饭都不吃。"

面对孩子们对网络如此迷恋，很多父母倍感无奈。他们担心孩子因此而"走歪"，到头来耽误了大把的时间，最终一事无成。

可是，这些父母或许没有想过，为什么网络对孩子有这么大的吸引力呢？

让我们来看看孩子们是怎么说的：

"在网上没有人要求我考高分，考不了高分也没有人批评我，我心情不好的时候，总是能得到网友的安慰。"

"在游戏中，我就是将军，我可以统帅千军万马，攻城掠地。"

　　"网上是一个很美好的世界啊！我在那里可以和同龄人畅所欲言，我们总是有很多共同话题，才不像父母总是对我凶巴巴的呢！"

　　由此看来，孩子们特别喜欢上网是有原因的，这与他们的某些心理特征是分不开的。孩子更渴望得到认同和满足感，他们强烈的领导欲和支配欲能够在虚拟的网络中得以实现；喜欢新鲜、快乐的事物是孩子的天性，具有探索精神的孩子更是乐于此道，因此当网络的吸引力大于现实世界的时候，孩子就会在网络世界里流连忘返了。

　　已上初二的鹏鹏因为沉迷网络游戏，所以学习成绩平平。鹏鹏的父母为此没少对他进行批评教育，有一次父亲还把家里的电脑砸了，让鹏鹏从此死心，但鹏鹏还是趁父母不注意的时候去网吧过过瘾。今年春节，姑姑一家人从国外回来，小表妹带回来一个平板电脑，引起了鹏鹏的格外注意。闲聊时，鹏鹏借小表妹的平板电脑玩了一会，觉得这个宝贝太好了，要是自己也有一个该好啊。

　　鹏鹏知道父母是不会给自己买的，要想得到就得自己想办法，下午鹏鹏便叫了几个自己在游戏中认识的朋友出来商量对策，最后他决定实施抢劫。具体步骤是由鹏鹏先将小表妹骗出门，然后几个朋友再将电脑抢走。然而在实施抢劫的过程中出现了意外，小表妹被推倒在地后，头部正好撞在一根钢筋上，当场死亡。鹏鹏几人面临的将是法律的严惩。

　　孩子们还没有赚钱的能力，家长给的钱远远不够游戏的费用，很多孩子为了能玩游戏就会想办法筹钱，或偷或抢，最后走上犯罪的道路。案例中的鹏鹏就是因为痴迷网络游戏，竟打起了表妹的主意，最终因为合伙抢劫并过失伤人被判以重罪。网络游戏就像精神上的卡洛因，它在不知不觉中将孩子们的良知与热情一点点蚕食，最后留给他们的只是一副没有灵魂的躯壳。

据专家调查，我国63%的未成年人有上网经历。有一项对100名未成年人犯罪原因的调查显示，其中有43名未成年犯认为网络内容是导致他们犯罪的重要原因。充斥于网络的色情信息，暴力、血腥的网络游戏等如同海洛因一样毒害着孩子们的心灵，也给家庭带来了巨大的伤害。

一个家长在看到自己网瘾的孩子时痛哭失声："我的泪已干，心已死！家里每天都死气沉沉，全是因为孩子整天迷恋上网、神魂颠倒、不肯上学。网瘾就像一把刀，在摧残着孩子的身体，也在割着家长的心！"

好父母教子妙策

1. 冷静对待孩子的网络游戏

当发现孩子喜欢玩网络游戏的时候，父母要冷静，讲究教育方式，千万不可简单粗暴地用体罚惩戒，否则不仅不能将孩子从网络那边拉过来，反而会将孩子推得更远。

父母们不可采取简单粗暴的手段来控制自己的孩子。其实，只要孩子每天的上网时间不超过两个小时，就不能算是网瘾，家长大可不必紧张。另外网络也是现代社会不可或缺的交流、学习工具，对孩子的学习和生活是十分有用的。

所以，父母应该耐心、科学地引导孩子健康地使用网络，告诉孩子如何利用网络来学习知识、充实生活。如严格控制孩子的游戏时间，约束孩子无休止玩游戏的倾向，同时还可以和孩子一同制定上网计划，监督其严格遵守。如每天玩游戏不要超过一节课的时间，周六日不要超过三小时，

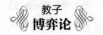

每次玩半小时就要停下来休息一下等。

2. 多跟孩子交流

上网成瘾的孩子都有个共同的特点，就是性格孤僻内向，不善交流，情感淡薄，与父母的对抗较为严重。要想改善孩子这种状况，就是多跟孩子进行沟通。因此，父母可每天拿出一些时间与孩子一起聊聊天，谈谈孩子感兴趣的事情，多聊一些孩子比较关注的问题。这种良好的沟通方式会让家庭充满和谐美满的感觉，孩子就不会到网络世界里去寻找精神滋养了。

3. 安装保护软件，净化孩子的网络

国内著名的心理健康研究专家余琳说："大量出现的网络色情犹如精神鸦片，人们一旦沉迷其中就很难自拔。尤其是青少年正处在发育阶段，自制力差，网络黄毒必然会对他们产生很大影响。事实证明，网络有害信息是导致青少年学业荒废、心理和行为扭曲，甚至走上犯罪道路的重要诱因。"

对于幼小的孩子来说，网络上充斥的大量的刺激人眼球的黄色、暴力内容，其危害是巨大的，也是难以防范的。所以，家长应该在自家电脑上设置相关防护措施，将这些网络"毒素"从孩子的网络世界里清除出去，为孩子提供一个绿色的网络空间。